重庆市第四期农村中小学领雁工程"素养导向下的项目式学习实践研究"课程创新基地项目成果

重庆市教育科学"十四五"规划2023年度一般课题"基于学科实践的小学项目式学习设计与实施研究"

（课题编号：K23YG1090014）阶段研究成果

U0725003

"综合+"项目式课程建设与实施

主　编　董宏燕　毛　擘

副主编　唐庆阳　秦　颖　赖德莉　杨小力

参　编　孙建华　王　媚　陶　源　苏　抒

　　　　龙　容　周　敬　张珊珊

重庆大学出版社

图书在版编目（CIP）数据

"综合+"项目式课程建设与实施 / 董宏燕，毛擘主编. -- 重庆：重庆大学出版社，2025.1. -- ISBN 978-7-5689-4860-9

Ⅰ. G622.3

中国国家版本馆CIP数据核字第2025ZN6710号

"综合 +"项目式课程建设与实施

主　编　董宏燕　毛　擘

副主编　唐庆阳　秦　颖　赖德莉　杨小力

策划编辑：章　可

责任编辑：姜　凤　　版式设计：章　可

责任校对：刘志刚　　责任印制：赵　晟

*

重庆大学出版社出版发行

出版人：陈晓阳

社址：重庆市沙坪坝区大学城西路21号

邮编：401331

电话：（023）88617190　88617185（中小学）

传真：（023）88617186　88617166

网址：http://www.cqup.com.cn

邮箱：fxk@cqup.com.cn（营销中心）

全国新华书店经销

重庆新生代彩印技术有限公司印刷

*

开本：787mm×1092mm　1/16　印张：12　字数：265 千

2025年1月第1版　2025年1月第1次印刷

ISBN 978-7-5689-4860-9　定价：49.00元

开展素养导向下的项目式课程探索与实践，是深化课程改革、提升教育质量的关键举措。素养导向下的项目式课程不仅是培养学生综合素养的摇篮，更是学校教育教学改革的重要探索领域。它是落实国家和地方教育政策、体现学校办学理念和培养目标的中间环节。它以素养为导向，通过项目式学习的方式，让学生在实践中学习、在学习中实践，从而达到提升学生综合素质的目的。这种学习方式不仅符合学生的认知规律，也符合社会对未来人才的需求。

本书重点阐述重庆市第四期农村中小学领雁工程项目中"素养导向下的项目式学习"综合实践活动课程创新基地的实践探索。在基地的构建过程中，我们注重理论与实践相结合，通过深入调研、专家论证、教师研讨等方式，明确基地建设的目标、任务和路径。同时，还借鉴先进的经验做法，结合基地学校实际情况，制订具体的实施方案和推进计划。本基地的建设具有多方面的价值，它有助于提升学生的综合素养和实践能力，培养学生的创新精神和实践能力；有助于推动学校教育教学改革，促进教师专业化发展；有助于加强学校与社会的联系，促进学校与社会的互动发展。

本书一共分为六章：第一章"'综合+'项目式课程发展进程与现实诉求"主要阐述对项目式课程发展历史及现实需要的整体考量；第二章从项目式课程内涵出发，阐述"综合+"项目式课程的内涵及主体框架；第三章"'综合+'项目式课程建设策略"将主要举措分为课程体系建构、课程的校内外基地建设、课程教学设计三个环节，进行深入阐述；第四章"'综合+'项目式课程管理"对课程实施过程中的管理模式、教师研修、运行机制、资源整合等进行了系统说明；第五章"'综合+'项目式课程评价及成效"从课程的评价及成效出发，涵盖教师评价、学生增值性评价，对"综合+"项目式课程的实施进行反思与提升；第六章"素养导向下的项目式课程探索与实践课程案例"生动展现一线项目式课程开展的思、行、研的收获、体会与反思。

在此,感谢整个研究团队几年来的辛勤劳动:感谢龙门浩隆平小学校党总支副书记、校长董宏燕同志的规划与支持;感谢南岸区教师进修学院综合实践教研员毛璧老师的悉心指导和学术引领;感谢来自重庆市南岸区各学校的主要编写教师:秦颖、赖德莉、唐庆阳、孙建华、陶源、苏抒、龙容、杨小力、张珊珊、周敬、王媚(排名不分先后顺序)贡献的智慧与热情,是你们坚持不懈的努力与探索,使我们的研究有了坚实的实践根基。

在教育深化改革的大背景,以及新课标指导思想的引领下,"综合+"项目式课程还处于萌芽、探索阶段,书中难免有不妥之处,恳请各位专家、读者批评指正。

编　者
2024年6月

C O N T E N T S **目录**

第一章 "综合+"项目式课程发展进程与现实诉求

第一节 项目式学习在综合实践活动中运用的历史进程

一、综合实践活动的发展历程

按照历史发展的顺序，综合实践课程在我国经历了一段漫长的活动教育时期：从"课外活动"到"第二课堂""第二渠道"，又从"活动""课程"，到最后明确提出在中小学设置综合实践活动课程。在《义务教育课程方案和课程标准（2022年版）》实施背景下，将立德树人作为教育根本任务对综合实践活动课程的改革也提出了新的挑战，主要表现为，需要进一步强化综合实践活动课程的整体性并改变分科课程自成体系、相互割裂的现状，推动立德树人这一根本任务的实现。以下是综合实践活动课程落实立德树人根本任务在我国历史进程中的回溯。

（一）萌芽阶段

"课外活动"可以说是综合实践活动的雏形。学科课程，在课程建设与发展中长期占据主流地位。旧中国的课程体系属于学科课程体系，直到民国以后，"课外活动"这个译名才出现在教育学论著中，但在学校教育体系中并没有得到足够的重视。中华人民共和国成立后编订的教学计划和教学大纲，以学科课程作为主导性课程，而把学科课程以外的各种形式的活动统称为"课外活动"。[1]

中华人民共和国成立之初，教学改革要反对书本与实际分离的教条主义，坚持理论与实际相一致。1949年12月，教育部在第一次全国教育工作会议上的总结报告中指出，中华人民共和国的教育是"民族的、科学的、大众的教育"，其方法是理论与实际相一致。

1952年3月，教育部印发《小学暂行规程（草案）》第21条规定，"实行理论与实际

---

[1] 刘玲.综合实践活动课程在我国的演变与发展[J].中小学管理，2017(12)：5-7.

一致的教学方法。教师应根据学科系统，正确地结合儿童生活经验以及社会自然实际，并适当地运用实际事物，进行教学"。同时印发的《中学暂行规程（草案）》第十八条规定，"中学教师应根据理论与实际一致的教育方法，结合革命斗争和国家建设的实际，进行教学，以达到学以致用的目的。自然科学的教学尤应力求与现代生产技术相结合，采取实验、实习、参观等实物教学法，使学生理解一般生产过程的基本原理与最简单、最基本的生产工具的使用方法"。

1956年教育部印发《初级中学实验园地实习教学大纲（草案）》，规定初中各年级每周实习课均为2课时，其中，实验园地实习每周1课时；同时对种植、养殖等实习活动提出明确要求。

1982年印发的《高级中学辩证唯物主义常识教学大纲（试行草案）》提出"唯物主义常识教学的基本原则是理论联系实际"，联系国内外的基本形势，联系学生的思想实际和学生学习过的自然科学、社会科学知识等。

1995年颁发的《关于小学课外活动的规定》，明确了"课外活动"的内容、时间和实施细则。然而，总体来说，当时的活动教学在中国始终没有形成足够的规模及影响，没造就一种足以限制学科课程弊病的力量，因其处于"课外"和"课余"的位置，人们或把它看成为学科服务的体脑调节课，或把它当作主要学科的增补加班课。

此时，作为综合实践雏形的"课外活动"，强调理论联系实际，注重实践，也深受陶行知"生活教育"理论的影响，提倡教育与社会生活、教育与生产劳动相结合的思想，注重培养能够拥有"农夫的身手、科学的头脑和有改造社会的精神的真人"。这一阶段编订的教学计划和教学大纲所倡导的"理论联系实践"及陶行知的教育主张直接影响了后来"活动课程""综合实践活动"的理念与方式。

（二）准备阶段

改革开放后，中国社会整体处于谋求发展的重要历史阶段，这一时代背景有利于教育深化改革。从20世纪80年代中期以来，学科课程过于注重知识讲授、难以关照学生能力培育和个性发展等弊病日益暴露，中小学片面追求升学率的问题不断受到批评，教育界开展了关于素质教育的大讨论。此时，能够体现学生主体性和能力发展的"活动课程"便逐渐以"实施素质教育的载体"的身份进入了人们视野。

1992年，教育部将"活动课程"纳入课程计划中。1993年秋季开始试行的《九年义务教育全日制小学、初级中学课程计划》规定，新的课程结构由学科类和活动类两部分组成。学科课程和活动课程是使学生在德智体诸方面得到发展的必不可少的教育途径，有各自独特的教育功能，互相不能替代。这是中小学教学改革的一项重大举措，标志着我国一直以来学科课程"独霸"局面的终结，带来了课程结构的优化和调整，标志着新课程体系的确立。[1]

因该课程计划只规定学校要根据自身条件开设活动课程，并没有明确界定活动课程的边界，也没对活动课程的本质特征、实施原则予以说明，因此直接导致了学校对活动课程理解的偏差和操作的扭曲。课外活动或活动课程容易失去其本身最具生命力的东西，无形中演变为课堂教学和学科课程的扩展与延伸。针对活动课程实施中的偏差和问题，1996 年 1 月，国家教委颁布了《九年义务教育活动类课程指导纲要（草案）》，明确规定了活动课程的培养目标、内容与形式、组织方式与方法等。在教育政策的保障与鼓励下，教育实践呈现繁荣局面，活动课程的实施一度成为 20 世纪 90 年代教育研究的热点议题，各学科课程也积极开展学科活动课程的设计与实施，学科教学方式进一步不断完善。

这一阶段是综合实践活动课程整个历程中极为关键的时期。"活动课程"正式被纳入基础教育课程体系，初步奠定了后来综合实践活动课程在整个课程体系中的地位与作用。

（三）确立阶段

进入 21 世纪，教育面临前所未有的发展机遇和挑战，未来社会对新世纪的人才有了新的要求，人才培养模式的转变成为当务之急。同时，我国基础教育事业的发展面临新的历史起点，在进一步加快发展步伐的同时，需更加关注基础教育质量的提高，更加关注学生的全面发展。在这样的背景之下，2001 年，国务院作出了《关于基础教育改革与发展的决定》，启动了第八次基础教育课程改革。这次课程改革的任务之一，就是调整和改革基础教育的课程体系、结构、内容，构建符合素质教育要求的新的基础教育课程体系。

2001 年 6 月，教育部印发的《基础教育课程改革纲要（试行）》规定，从小学至高中设置综合实践活动并将其作为必修课程。自此，综合实践活动正式成为一门独立的课程，其内容主要包括信息技术教育、研究性学习、社区服务与社会实践、劳动与技术教育，旨在强调学生通过实践，增强探究和创新意识，增进学校与社会的密切联系，培养学生的社会责任感，使学生学习科学研究的方法，发展综合运用知识的能力。同年，教育部印发《义务教育课程设置实验方案》，不仅使学校增设了综合实践活动课程，还使"各门课程普遍增加了实践活动"；颁布《普通高中"研究性学习"实施指南（试行）》，详细规定了高中阶段研究性学习课程开设和实施的基本要求。

本阶段，综合实践活动的课程名称正式确立下来，综合实践活动的课程内容、课程目标也初步明确。自此，各地掀起了因地制宜开发综合实践活动课程、探索实践育人的人才培养模式高潮。然而实践也面临不少问题，如对课程概念、性质理解存在偏差，课程开发不规范、不充分，缺乏课程资源，教师素质难以适应课程的要求，评价尚不能有效促进课程发展。综合实践活动课程的常态化实施需要进一步规范发展。

---

[1] 刘玲 . 综合实践活动课程在我国的演变与发展 [J]. 中小学管理，2017(12): 5-7.

（四）发展阶段

党的十八届三中全会在深化教育领域综合改革中提出落实立德树人根本任务、发展素质教育是我国新时代背景下基础教育改革的战略任务。"立德树人"是"培养什么人、怎样培养人"的标准，也是综合实践活动课程的引领。

2017年9月25日，《中小学综合实践活动课程指导纲要》（以下简称"2017《纲要》"）正式颁布，就综合实践活动课程性质与基本理念、目标、内容与方式、实施等一系列关乎课程发展的重要问题作出了明确规定，重申了综合实践活动课程在基础教育课程体系中的地位，厘清了影响综合实践活动课程实施的若干理论与实践的关系，也明确了综合实践活动课程的未来发展方向。这标志着综合实践活动课程迈入了规范发展阶段。[1]

2018年，全国教育大会再次明确指出要把"立德树人"融入教育的各领域、各环节，"立德树人"已成为当下我国教育改革的主旋律。立德树人理念为审视综合实践活动课程提供了极具启发意义的视角，为完善该门课程的实践策略指明了可行的路径。

2019年2月，中共中央、国务院印发《中国教育现代化2035》，提出了推进教育现代化的八大基本理念：更加注重以德为先，更加注重全面发展，更加注重面向人人，更加注重终身学习，更加注重因材施教，更加注重知行合一，更加注重融合发展，更加注重共建共享。其中，注重"知行合一"是改革开放以来首次明确提出的一个教育理念，它与综合实践活动的实践性特征和实践育人的功能定位相契合，由此也进一步凸显了综合实践活动课程在中小学课程体系中的重要地位，预示着一些新的发展取向。

2019年6月，国务院办公厅《关于新时代推进普通高中育人方式改革的指导意见》强调，"强化综合素质培养""统筹课堂学习和课外实践""拓宽综合实践渠道"。这充分体现了国家教育部门对以综合实践为主要载体的劳动育人和实践育人功能的高度重视。

2020年，教育部先后出台了《关于全面加强新时代大中小学劳动教育的意见》《大中小学劳动教育指导纲要（试行）》。劳动教育是全面贯彻党的教育方针的基本要求，是实施素质教育的重要内容，是培育和践行社会主义核心价值观的有效途径。综合实践活动是实施劳动教育的重要渠道之一，基于此，2020年修订的《普通高中课程方案》将2017版方案中高中综合实践活动的14个学分调整为8学分，另外6学分纳入劳动教育，6学分中2学分为志愿服务。因此，劳动教育进一步提升了综合实践活动课程的育人价值，也为综合实践活动的开展拓宽了思路。

2021年，教育部出台的《关于进一步减轻义务教育阶段学生作业负担和校外培训负担的意见》中明确指出，"学校要充分利用资源优势，有效实施各种课后育人活动，在校内满足学生多样化学习需求""提高课后服务质量……为学有余力的学生拓展学习空间，开展丰富多彩的科普、文体、艺术、劳动、阅读、兴趣小组及社团活动"。因此，该意见为

[1] 刘玲.综合实践活动课程在我国的演变与发展[J].中小学管理，2017(12)：5-7.

打破传统学科壁垒、构建家校社共育链条的课后服务和开展综合实践活动开辟了一条新路径。同时，"双减"政策为落实综合实践活动课程高品质发展提供了契机。

2022 年，《义务教育课程方案和课程标准（2022 年版）》将综合实践活动开设起始年级提前至一年级，并指出"加强综合课程建设，完善综合课程科目设置，注重关联""优化综合实践活动实施方式与路径，推进工程与技术实践"，从中可以看出，新时代背景下更加注重充分发挥实践的独特育人功能和强化课程协同育人功能。

二、项目式学习的发展历程

（一）起源

项目式学习起源于 16 世纪的建筑和工程教育运动，1918 年克伯屈给出了项目式教学广义的定义，项目为"在社会环境中发自内心地进行有目的的活动或活动单元"，适用于任何时间和任何学科，包括各种形式的活动和学习。在 20 世纪 70 年代末至 80 年代初，美国的一些教育家认为应将项目式学习和传统的教学模式结合，解决项目式教学和课程教学的矛盾。20 世纪项目式学习逐渐变得完善，并成为教育领域中重要的理论思潮。项目式学习在国外实施运用广泛，研究成果丰富，主要包含课程设计、实践标准与学生能力培养。

2003 年，巴克教育研究所在《项目式学习手册》中提供了一个项目式学习设计的参考框架，名为"6A"参考框架。"6A"具体指真实情境、严谨规范、知识应用、主动探究、成人参与以及评价实践。[1]该框架为项目式学习设计提供了参考方向，明确了项目式学习的关键要素。在此基础上，巴克教育研究所经过 20 年的理论与实践探索，形成了一套助力教师开展项目式学习的指南，其主要目的在于指导教师基于课程标准去设计、实施项目式学习。该指南系统总结了项目式学习的重要特征，分别是富有挑战的问题或困难、持续探究、真实性、学生的发言权和选择、全程反思、批判和修订、作品公开展示，统称为"黄金标准（gold standard）"。现有研究对于学生适应未来社会能力进行梳理与分析，2010 年，Bell 在课程中强调，通过项目式学习，学生可以掌握诸如"沟通能力""谈判能力""协作能力"等 21 世纪所要求的能力。

21 世纪初，项目式学习在国内逐步发展。2002 年，我国研究者刘云生在国内最早提出"项目式学习"理念，认为项目式学习就是：学生从项目主题出发，选择并利用学习资源，在探索中获得较为具体的学习体验。[2]在近十年研究中，国内学者对于项目式学习的研究已日渐成熟，如高志军在《基于项目的学习（PBL）模式在教学中的应用》中强调，项目式学习是学生围绕项目主题，以自己的方式参与实践中从而获得知识并提升技能的一个学习

[1] MARKHAM T，LARMER J，RAVITZ J. *Project based learning handbook:A guide to standards-focused project based-learning*[M].2nd edition.Novato，CA:Buck Institute for Education，2003:56-58.
[2] 董潇文.高中地理项目式学习应用研究[D].延吉：延边大学，2020.

过程。[1]

通过分析国内外研究，可以发现，项目式学习均站在学生角度，给予学生高度自由，注重学生的主动性、积极性，注重学生的团队合作能力以及思辨能力、问题解决能力。

(二)内涵及特征

项目式学习强调以学习为中心、以实践为途径，学生在完成任务的过程中解决问题、建构新知识、获得新经验。项目式学习是学生在真实或模拟的情境中整合课程资源，将课程内容从相对碎片化、封闭式状态转化为系统化、开放性的项目设计，通过自主、综合、开放的实践活动，完成项目化任务，丰富学习经验，培养学科核心素养。

项目式学习具有四个基本特征：一是情境性。项目式学习在真实或模拟情境中进行，情境认知理论认为，知识不是外在于认知主体的客观物，而是个体与主客观情境互动的产物，反映两者联系的属性。知识存在于个体和群体的行动中，随个体参与新的情境中，在新情境中由互动协商建构生成。知识不再是过去那种客观的、静态的、普遍的、刚性的、可陈述的概括信息，而呈现出情境性、交互性、实践性的特质。只有在具体、真实的情境中习得的知识和掌握的技能，才有可能是"学得会""带得走"的知识和能力。[2]二是任务性。为了达成课程学习目的，采取主动的、有意义的活动，围绕一项学习任务，完成完整的学科实践活动，而非完成内容之间毫无关系的碎片式学习。项目化学习中的任务指向问题解决，具有实用价值，具有完整性和系统性，而非零散的、片段的、单项的学习任务。三是实践性。"项目化学习"为学生提供具体情境下的实践展示平台。在人的主体活动中，隐藏着潜在的、未知的教育时机和价值，如何将其充分地、切实地挖掘出来，教师需充分、深入思考。基于课程标准，设计以"人的主动活动"为核心的课程项目和实施过程，充分关注学生的自主探究学习过程，挖掘实践活动背后的深层育人价值。四是整合性。项目化学习需要整合多种课程资源，包括且不限于学科学习和跨学科学习的整合、本学科课程资源与其他课程资源的整合、学科实践与综合社会实践的整合等。[3]

(三)实施路径

项目式学习可分为四个操作步骤：一是确定主题。项目主题是整个项目的目标和方向。项目式学习可依据课程方案、教材内容组织，也可结合学生生活实际，找寻学习内容与学生生活经验的契合点，确定项目主题。二是研发内容。解决问题是整个项目式学习开展的原动力，项目式学习应根据课程内容，以问题解决为出发点研发项目任务，可以以一项或者多项项目任务呈层次递进展示，解决的问题既包含学科知识问题以及方法策略问题，重点关注学生在整个活动过程中的学习状态——"学什么""为什么学""怎么学""学到

[1] 高志军，陶玉凤.基于项目的学习(PBL)模式在教学中的应用[J].电化教育研究，2009(12):92-95.
[2] 刘杰.基于情境认知理论的中学语文写作任务设计研究[D].济南：山东师范大学，2023.
[3] 马建明.核心素养导向下项目化学习的再认识[J].江苏教育，2023(2)：81-84.

什么程度"等。三是开展活动。项目式学习以学科实践活动为载体，综合运用多种学习方式与学习策略，开展探究性学习、深度学习等项目活动。四是评价成效。及时评估项目式学习过程开展情况、学生活动效果情况、目标达成情况等，并做出判断。评价过程体现学生学习成效，不仅反映学生核心素养发展水平，而且激发学生对项目式学习的参与热情。

三、项目式学习在综合实践活动中的运用现状

笔者以"综合实践活动""项目式"为关键词在中国知网进行检索，共检索到相关期刊论文 4 301 篇。从研究年份来看，自 2016 年起，"综合实践活动""项目式学习"两个主题共同研究的文献量逐年稳步上升；从研究主题来看，项目式学习与核心素养是高频词（图 1-1）；从学科分布来看，涉及中等教育、初等教育文献占比过半，达到 67.64%（图 1-2）。基于对检索数据的分析，可发现当前研究主要集中于以下两个方面：项目式学习在综合实践活动课程中的价值研究和项目式学习在综合实践活动课程中的应用研究。

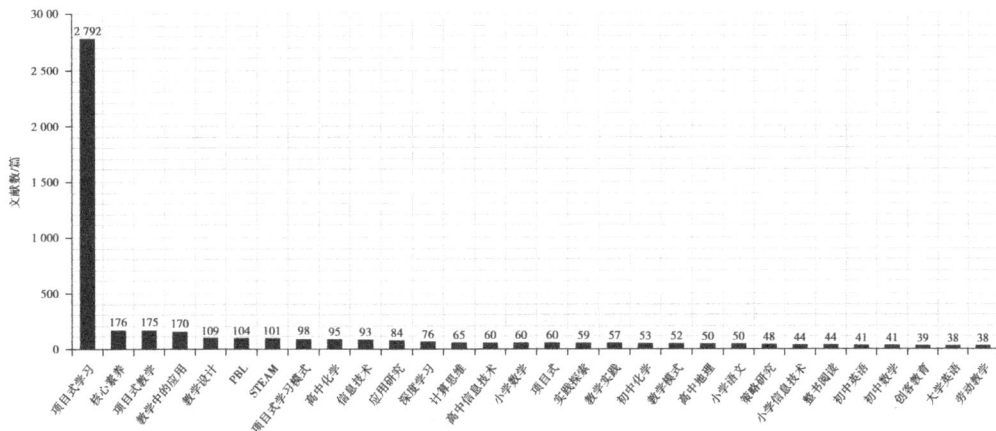

图 1-1 以"综合实践活动""项目式学习"为关键词检索的文献数量统计图

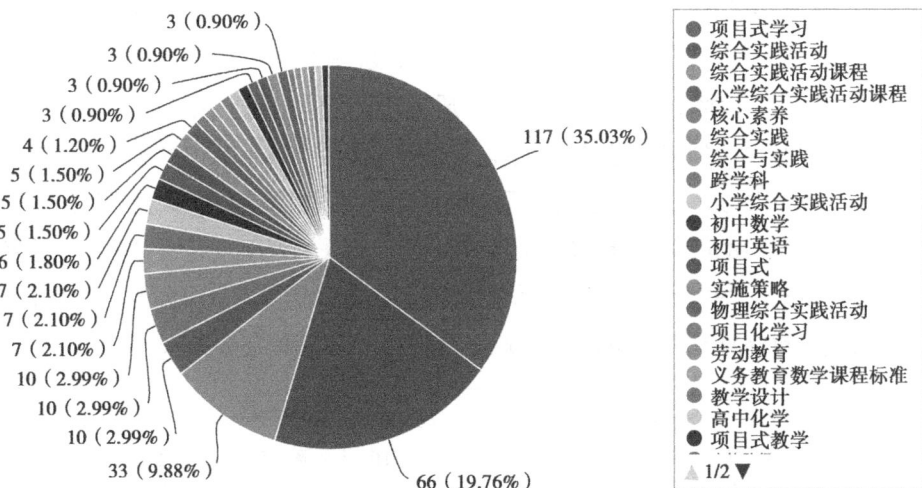

图 1-2 以"综合实践活动""项目式学习"为关键词检索的文献主题饼状图

现有研究中，少量文献借助项目式教学模式持续推动综合实践活动课程建设，从课程优势、特点、必要性及操作要点等方面展开研究分析。李金梅在《综合实践活动课程中的项目学习：理念、优势与改进》中肯定了项目式学习在综合实践活动课程中的应用价值，将课程设计进行优化设计，明确目标的指向性，确定实践的可行性，准确把握整个教学流程，在教学中体验学科融合的成就感及意义感。[1] 项目式教学模式对于综合实践活动课程实施与运用具有积极指引作用，促进学生全面发展。林青在《小学综合实践活动项目式学习的实践与思考》中构建一种新型学习方式，在课程学习中依赖于项目引领、人工智能，以学生为中心，通过实践探究提高学生的学习及动手能力，实现学生综合素质的全面提升。[2]

从以上文献可以看出，一方面，对于项目式学习与综合实践活动的理论探讨相对丰富，实践案例研究相对薄弱；另一方面，虽有少量项目式学习在综合实践活动中的运用研究，但缺乏系统的、整体的、可借鉴的方法论指引。如何更好地运用项目式学习，使综合实践活动课更具育人价值，更好地推动学生核心素养发展，促进学生学习方式转变，是当前教师亟待解决的问题。

第二节 “综合＋”项目式课程发展的现实诉求

一、“综合＋”项目式课程发展的要求

2001年，教育部颁布的纲领性文件《基础教育课程改革纲要（试行）》强调“过程与方法”目标，倡导“自主、合作、探究”的学习方式，在一线教师群体中得到广泛认同，在实践中也积累了许多宝贵经验。但是要落实立德树人根本任务，真正实现学科育人、实践育人与综合育人，变革学习方式仍然面临着新的挑战。2022年，《义务教育课程方案和标准(2022年版)》正式颁布，明确指出要以深化教学改革为突破，强化学科实践，推进育人方式变革，更加注重教育公平，为每个学生提供公平而有质量的学习和发展机会。

我们面向全体学生推进学习方式变革，遵循人的全面发展思想和教育规律，在项目式学习中更加注重育人与成才逻辑，更加注重教育与社会实践相结合，保障每位学生的学习权，以综合性打通各学科的底层逻辑，在实践育人中实现对人的全面发展的支撑，促进每一位学生的发展。自此，“综合＋”项目式学习才能真正实现学科育人、综合育人与实践育人，成为落实《义务教育课程方案和标准（2022年版）》的重要途径及载体。

---

[1] 李金梅.综合实践活动课程中的项目学习：理念、优势与改进 [J].教育学术月刊，2021(2):85-90.
[2] 林青.小学综合实践活动项目式学习的实践与思考：以项目式人工智能学习为例 [J].福建教育学院学报，2021,22(11):107-108.

(一)实现综合育人的需求

2022年新课标重点突出了课程设计、实施与评价的综合性。在课程设计与实施中,强化课程内容与学生经验、社会生活的联系,强化学科知识整合,统筹设计综合课程和跨学科主题学习。加强综合课程建设,完善综合课程科目设置,注重培养学生在真实情境中综合运用知识解决问题的能力。开展跨学科主题教学,强化课程协同育人功能。推进综合学习,探索大单元教学,积极开展主体化、项目式学习等综合教学活动,促进知识的内化。"综合+"项目式课程基于项目式学习与学科特点,采用学生经验及社会生活中的真实问题设计课程,找寻学习内容与真实生活、学生经验的纽带,让学生在模拟或真实情境中展开学习,通过发现、解决、反思各教学环节的关键问题,使得教学过程有条理、有梯度,从而激发学生对课程学习的兴趣。"综合+"项目式课程,具有较强的跨学科融合性,它将项目式这一学习方式结合其他学科特点,开展教学,关注学科知识获取的同时,注重学生在参与学习过程中的学习习惯、提升思维品质及解决问题的能力。

在课程评价中,应当全面落实新时代教育评价改革要求,改进结果评价,强化过程评价,探索增值评价,健全综合评价,强化素养导向,注重对正确价值观、必备品格和关键能力的考查,开展综合素质评价;还应关注学生自我评价、自我反思的能力,引导学生能运用评价结果改进学习;更加注重对学习过程的观察、记录与分析,倡导基于证据的评价,关注学生真实发生的进步,加强对话交流,注重动手操作、作品展示、口头报告等多种方式的综合运用。"综合+"项目式课程尤其注重课程评价,在课程进展的每个阶段采用情境创设、问题串联,衔接教学环节,结合课程特点,捕捉教学环节中有助于提升学生多重智力的关键时机,如学生语言智力、逻辑数理智力、视觉空间智力、音乐智力、身体动觉智力、人际智力、自知智力等。过程中采用多种评价形式,如搭建交流展示平台、成长袋记录法、多角色互评等,力图呈现学生在真实情境下的自然成长。

(二)转变实践育人方式的需求

新课标指出,应变革育人方式,突出实践。加强课程与生产劳动、社会实践的结合,充分发挥实践的独特育人功能。突出学科思想方法和探究方式的学习,加强"知行合一、学思结合",倡导"做中学""用中学""创中学",优化综合实践活动实施方式与路径。积极探索新技术背景下学习环境与方式的变革,应坚持素养导向,强化学科实践。引导学生参与学科探究活动,经历发现问题、解决问题、建构知识、运用知识的过程,注重真实情境的创设,增强学生认识真实世界、解决真实问题的能力。"综合+"项目式课程以学生实践为抓手,关注真实学习过程,紧扣教育教学、生活实际中真实问题,推动学习环节层层深入,使学生有效学习;将学科知识与行动实践相结合,杜绝纸上谈兵,落实事事躬行,让学生在发现问题、解决问题、反思提升的过程中实现"知行合一、学思结合"。

（三）促进教育优质均衡发展的需求

推动义务教育走向更加优质均衡一直是我国义务教育改革发展的主线。2011年，我国实现九年义务教育全面普及，围绕促进教育公平，国家坚定不移地实施"三大战略"：一是从整体上全面推进义务教育均衡发展；二是从缩小城乡教育差距上大力实施农村义务教育薄弱学校改造工程；三是从受教育者群体上全面实施"控辍保学"，坚持一个都不能少。自2021年起，我国义务教育开始从基本均衡向优质均衡迈进，先后修订《中华人民共和国教育法》《中华人民共和国未成年人保护法》，实施《中华人民共和国家庭教育促进法》等法律法规，多层级、多角度为孩子教育护航。2023年6月，中共中央办公厅、国务院办公厅印发了《关于构建优质均衡的基本公共教育服务体系的意见》（以下简称《意见》），要求各地区各部门结合实际认真贯彻落实，《意见》从师资搭建、教学资源开发、学校建设、信息技术运用及特殊学生关爱等方面全面保障义务教育优质、均衡发展。《意见》指出，要大力培养、造就高素质专业化教师队伍，显著扩大优秀骨干教师总量；推动城乡教育整体发展，提供系列化、精品化、覆盖德智体美劳全面育人的教育教学资源，创新数字教育资源呈现形式，有效扩大优质教育资源覆盖面；促进新优质学校成长，办好群众"家门口"的学校；支持教师创新教学方式，深入开展精品课遴选工作，大力推广、应用优秀教学成果，提高教师数字素养和信息技术应用能力；加快校际均衡发展，保障群体公平发展，以推进教育关爱制度化为重点，加快缩小群体教育差距；坚持精准分析学情，全面建立学校学习困难学生帮扶制度，健全面向全体学生的个性化培养机制，优化创新人才培养环境、条件。

"综合+"项目式课程，是符合学生学情的新型课程，易被学生接受，诸多学生能从自己的生活经验中体悟项目式学习带来的趣味与探究；学生对课程的正向反馈，激励着青年教师对新事物的探索欲，鼓励教师将项目式操作方法与所授学科相结合并运用于日常教学中，促成教师自我教学方式的革新，整体提升师资水平；教师为"综合+"项目式课程不断探索的过程，正是一所优质学校成长的过程，学校拥有一支勇于革新自我、善于学习与实践运用的教师队伍，成为人民群众"家门口"满意的学校，家长对学校的满意度不断提升；区域优质学校不断发展，辐射引领周边薄弱、待发展学校，最终促成区域教育的优质均衡发展。

二、满足学校现实发展的需要

御峰小学运用SWOT分析，对本校实际情况进行分析与调研，从校情、学情、教情三方面出发，了解学校优势、劣势、机遇与挑战，探索、开展符合校本特色的项目式推进综合实践活动课程。

（一）校情分析

学校成立于2017年7月，占地面积14 916 m²，设计规模24个教学班，于2022年7月，加入龙门浩隆平小学教育集团，先后获得了教育部教育规划司牵头的"未来学校基地校"、教育部课程教材所"校家社协同创新育人"项目学校、重庆市领雁工程"项目式学习课程基地校"、南岸区班级文化建设试点校、南岸区乒乓球特色学校、南岸区陶艺特色学校等荣誉。从位置来看，学校位于南坪镇，主要辐射周边的御峰小区，生源稳定且逐年上升。

学校全面贯彻党的二十大精神，依据《义务教育课程标准（2022年版）》，遵循教育规律和学生成长的规律，落实立德树人根本任务，发展素质教育，重点培养学生的社会责任感、创新精神、实践能力，促进每个学生成才，促进教育公平，提高学生家长对现代学校优质教育的获得感与幸福感。基于此，学校将发展目标定为"努力办特色明、质量高、品质优的中国式现代化新优质学校；构建富有特色的'善御'课程体系，积极建设不畏艰难、勤奋进取、勇于挑战、探索创新的现代师资，培养具有'善学·善思·善辨 御知·御言·御行'特色品质、品格坚毅、体魄强健、全面发展、胸怀祖国、放眼世界的现代小公民"。

（二）学情分析

学校现设有小学1—6年级共计17个教学班、730名学生，现从生源特征、心理特征、学习需求、学习特点四个方面进行分析。

从生源上看，学校学生属于南坪镇范围，主要对口御峰小区。从结构上看，学校学生有80%生活于三口及三口以上家庭，少数学生家庭为单亲、重组家庭。在进行课程设计时应充分考虑城市、独生子女家庭学生情况，兼顾诸多学生家庭情况特点。

从心理特征看，学校学生善良天真，具有真善美的美好品质。由于其父母都接受了一定程度的教育，学生素养普遍良好，热爱学习、大方礼貌。

从学习需求来看，学校学生兴趣爱好广泛，渴望自身特长得到发展；学生喜欢具有参与性强、生活性、趣味性和体验性的课程，如学校的劳动教育基地课程、御峰TIME展示课程、陶艺课程、跳蚤市场特色活动、体艺节等，深受学生喜爱；学生渴望在课堂上得到老师的关注，希望课堂教学的内容与形式有新意，渴望挑战，享受挑战成功的喜悦。

从学习特点看，大部分学生喜欢学习，拥有着天马行空的想象力。学生渴望教师能用生动的方式呈现内容而不是填鸭式讲解，学生期待能自己主动参与探究问题而不是循规蹈矩、按部就班地按顺序呈现学习内容。与此同时，学生也存在学习不自觉、不够主动思考与探究、缺乏学习方法与学习动力等问题。

（三）教情分析

御峰小学专任教师共计47人，其中男教师4人，女教师42人。学校教师队伍逐渐成熟，能履行岗位职责，认真完成各项工作任务。广大教师无私奉献、奋勇向上的精神，给社会、家长、学生留下了深刻印象。

学校教师的学历多为本科及以上，构成良好；从专业发展看，学校教师自我规划的意识还不足，部分教师虽然能主动学习，但途径单一，缺乏自我研修能力；从知识储备来看，学校部分教师非教育学专业毕业，缺乏系统的心理学、教育学等专业教育知识，教学方式简单，教材把握不透，教学方法不灵活，面对新课改、新理念，显得底气不足；从对课标的把握及运用情况来看，学校教师能认真学习教育理论，学习新课程标准，完成新课标学习检测，并且尝试在教学实践中改进自己的教学策略，顺应学生发展特点，开展教学活动。但少部分教师处于不积极、不稳定状态，甚至抱有消极态度，在教学资源的开发、思想观念的转变等方面，相当比例的教师感到困难。

总体说来，学校青年教师人数占比较大，虽工作经验不足，但教师活力充沛，创新能力较强，对项目式学习方式和教育模式接受度较高，是本项目实施的良好试验田。

御峰小学校 SWTO 分析表见表 1-1。

表 1-1　御峰小学校 SWTO 分析表

	优势	劣势
内部环境与外部环境	①确立了以"善学·善思·善辨　御知·御言·御行"为基础的"登峰教育 幸福学子"办学理念，学校教育理念契合《义务教育课程方案和课程标准(2022年版)》精神，与南岸区幸福教育理念高度统一。②近年的课堂教学效果较好，形成多元一体校园特色劳动教育基地，构建了"善御"课程体系，校陶艺课程、乒乓球特色等，在区域内具有一定影响力。③学校配备现代化信息技术"小蚂蚁智慧"教学平台，实施"互联网+"教育教学。④学校教师队伍年轻化，有敬业精神，有钻研能力，学校具有在各学科能起到引领示范作用的优秀教师，各项工作有序开展。⑤教师整体学历水平高，中、青年教师体量大，富有活力与创造潜力，愿意积极拥抱新理念、积极改变课堂教学行为，教师在教学实践中对课程有初步的建构意识，有一定的课程开发意识。⑥学生单纯善良、热爱学习，有礼貌，兴趣爱好广泛，喜欢具有参与性强、生活性、趣味性和体验类课程。⑦学生家长具有较高的素养，能积极参与、支持学生活动及学校课程	①学校建校仅6年，学校年轻化，办学经验不足，历史沉淀薄弱。②学校占地面积小，学生体量还未达到配备水平，活动区域受限。③部分学生家庭背景较复杂，具有隔代陪伴多、家庭教育缺失等特点，城市独生子女受溺爱程度较重，缺乏一定的独立性、共情心理与自主思考能力。④教师整体年轻化，缺乏足够的教学经验与教育思想，专职教师配备不足，结构性缺编

续表

机会	SO 战略	WO 战略
①周边自然环境好，临近社区、轨道交通，生态资源丰富。 ②家庭经济水平提高，家长素质逐年提高，重视孩子的全面发展，对学校更加信任，对学校课程建设提出更高需求。 ③社区与学校长期合作，共同开展活动，居委会工作人员热心支持学校教育工作，社区、学校形成教育合力。 ④南岸区全面实施课程改革，各级专家专项引领	①持续深入研究多元结构的研究共同体，深入研究"善御"课堂，体现校本特色。 ②继续丰富完善劳动基地特色课程、陶艺特色课程、乒乓球特色课程等，形成学校品牌，提高区域影响力。 ③为教师搭建平台、提供专家资源以及现代信息技术手段，指导教师对课程进行体现具有综合性、实践性、创新性的特色课程案例。 ④多途径开展学习培训，提升教师个人素质与教学水平。 ⑤加强与社区合作，利用周边社区、生态、人文资源，构建丰富的项目式校外实践活动课程。 ⑥多形式加强家校合作，利用家长资源，丰富课程实施主体、方式，形成多元的项目式课程评价	①利用周围生态资源、社区资源，开设《轨道交通》课外实践活动课程。 ②积极主动邀请区内外专家指导课程建设工作，厘清项目式学习背景下综合实践活动如何体现育人目标、课程目标、课程结构，体现育人价值。 ③鼓励教师改变学习方式，变被动学习为主动学习，提供契合教师需求的培训课程，为教师专业发展补养，提高教师工作的胜任力
威胁	ST 战略	WT 战略
①社区环境不够成熟，配套设施不完善。 ②隔代教育情况多，部分家长缺乏科学的教育管理方法和知识，家庭教育难以落实。 ③周边区域知名学校多，我校发展压力大	①利用家长委员会，向社区反映学生的需求，积极争取改善社区配套设施，满足项目式学习课堂需求。 ②积极与社区联系，拓宽校外资源，运用项目式学习，开展更多符合学生、校情的综合实践活动。 ③发挥行政班子、示范教师带头作用，积极开展项目式活动，形成学校办学特色，提升学校品质，提高区域影响力。 ④制订教师三年发展规划，为每位教师发展创造条件，建立教师评价体系和教师个人专业发展成长档案，进行信息化管理，定期追踪，设立奖励机制，确保教师的能力提升	①整合学校、社区、家长，对学生进行多主体、多元评价，促进学生发展。 ②开展多种形式的教师专业培训，提升教师综合素质及专业能力

《义务教育课程标准 2022 年版》对学校发展提出了新要求，结合学校 SWOT 分析，可以看出，当前学校发展面临诸多新挑战：为培养新时代背景下有理想、有本领、有担当的学生，应如何促进学生核心素养发展？如何设计好的课程方案，体现学校育人性、综合性、实践性，促进学生优质均衡发展？课程设置如何体现整体性、结构化设计？如何精选课程内容，精准把握学科、跨学科、学科间关联，增强课程的综合性、实践性？教学过程中，如何合理、科学运用多样的学习方式？教学评价中，如何做好过程性评价、深化综合评价、

探寻增值性评价?

经多次调研，我们逐渐明确，将项目式学习校本化是一条科学发展之路。项目式学习进行校本化实施，以国家要求为依据，结合新课标，符合学校自身特点，积极改善课程结构，并从传统课堂转变为新时代适合学生发展的实践课程。依据学情、师情、校情，我们从学生学习方式的变革入手，以"综合＋"项目式学习的形式推进各类体验课程，依托深入研究素养导向下的项目式学习各项要素，制订出适合学校的特色项目式学习方案。通过项目式学习实践，不断提升学生核心素养是我们教育的愿景。学校着力构建与课程文化内涵相匹配的、让每个学生都在学习过程中得到发展的项目式学习，将项目式学习校本化实施，主张以学校主导、社会融合、家庭参与为抓手，三个系统层层递进、"三位一体"地培养学生核心素养。让学生从校园里的真实问题入手，主动探索问题、解决问题，进行相关实践活动，提升学生的综合素养。从学校的课程结构上可以看出，项目式学习校本化实施坚持将教学管理、教师研修、学生发展、项目设置等进行全面整合，探究更利于发展学生潜能的学习模式。

三、"综合＋"项目式课程发展的意义

(一)立德树人根本任务的落实

习近平总书记在党的二十大报告中指出，"全面贯彻党的教育方针，落实立德树人根本任务，培养德智体美劳全面发展的社会主义建设者和接班人"。通过"综合＋"项目式课程立德树人，聚焦价值引领，启智润心育人。"综合＋"项目式活动，体现了新课标要求下的新理念，旨在立德树人，聚焦以生为本，提升服务育人水平。"综合＋"项目式课程发展运用项目式学习，推动综合实践活动多效、长足发展。项目式学习打破传统班级授课形式，采用以模拟／真实情境问题引导学习，对学生核心素养提升具有重大意义，有利于增强学生综合运用所学知识与观念的关键能力与必备品格，使学生成长为德智体美劳全面发展的社会主义建设者和接班人，并以良好姿态适应当前全球化、信息化社会。

(二)学生学习方式变革的主抓手

学生学习是学习过程中认知、情感和行为的多重体现，是个人、学校、社会多方参与的有机结合。学习方式的转变，意味着学生学习态度、学习方式和学习品质的多重转变。传统学习方式为学生被动式、接受式学习，强调知识的传递与学生的"学"。"综合＋"项目式课程借助项目式课程促进儿童多方面发展，有利于调动学生全脑参与，多感官共同投入，丰富多样的实践操作，使得学生收获良好的情绪体验，产生持久记忆，锻炼学生的心智；"综合＋"项目式课程借助项目式课程关注学生真实成长，关注活动过程中问题情境的真实性、学生活动的自主性、探究性与创新性，从真实问题与学生兴趣出发，激发学

生对于未知知识的热情，增强学生自主探究的内驱力；"综合+"项目式课程借助项目式课程启发学生反思进步，通过阶段性的课程评价，对阶段性问题与任务进行回顾、反思、总结、提升，激发学生的问题意识，启发质疑精神，培养辩证学习思维能力。

(三)学校发展新方向的突破口

适应当前新课改的实际要求。当前课程改革，在课程目标方面反对过于注重知识传授而强调过程体验，在课程结构方面反对单一发展而强调均衡合理、全面发展、综合发展，在课程内容方面让学生学习更多与生活、科技相联系的鲜活的、真实的知识，在课程评价方面反对甄别与选拔，强调过程成长与体验。"综合+"项目式活动以真实性问题为导向，让学生为解决真实问题而展开一系列探索，在探索前期，设置情境、明确任务，明确当前要做什么，带着任务进行活动，具有目标性；在探索中期，收集资料，制订解决方案，针对当前的任务，有针对性地收集资料，制订方案并尝试找寻解决方案，通过自主协作，操作实施，在活动中学生根据任务与要求，分工合作，在实践中探索问题答案；最后，呈现结果，修正完善，学生将活动过程中的成果以多种方式呈现。不难看出，"综合+"项目式活动注重学生的过程性体验与收获，于活动中促进学生全面发展，如合作与交流、表达与分享、计划与实施等，学生所学知识是基于自主探索而得，知识并非源于课本而是来自躬身实践，鲜活而灵动，充分适应当前课改的实际要求。

实现学校特色项目的重点突破口。运用"综合+"项目式课程使学校成为更有吸引力、更具未来感的学校。当前，学生经历了数字化、信息化、网络化时代，对于多种新鲜事物体验诸多。项目式学习中丰富新颖的知识、良好的情绪体验、多元活力的呈现方式以及自主的学习氛围，让学生由被动学习转为主动学习，对知识的记忆和体验将更加深刻持久。项目式学习不仅提升学生活力，还能提升学校教师团队的活力与协作能力。项目式学习操作涉及多方参与、协同合作等环节，教师在其中彼此合作与沟通的机会增多，教师的学习动力被激发，团队合作能力变强。不仅如此，"综合+"项目式活动还能加强学校、家庭与社区的联系，将学生、学校、社区与真实世界紧密联系起来，在活动中让学生有机会解决、探究与自己、家庭、社区有关的各种问题。焕然一新的学生面貌、紧跟前沿的教师团队、独具一格的课程体系，将切实提升学校自身的影响力，成为学校对外宣传的靓丽名片。

(四)教师专业发展的新方向

提升教师对于自我的挑战，激发教师学习内驱力。项目式课程，对于诸多教师而言，还相对陌生，诸多教师对项目式学习有所耳闻但并不清楚内在理念，缺乏将"综合+"项目式课程运用于教育教学实践的经验。将项目式学习这一相对新颖的学习方式运用于综合实践活动中，有助于激发教师主动探索对未知概念的求知欲。教师在此过程中，不仅要明确项目式学习的概念和特点，还要厘清项目式学习在综合实践活动中的运用操作方式，不断应对活动中产生的未知挑战。教师在对未知领域的探索过程中，通过不断学习、反思、实践，最终促进其专业成长。

激发教师优化教学方式。传统教学中，教师多为知识讲授，即教师在讲台上不断传授知识，学生在讲台下吸收知识，师生间的互动内容多围绕知识本身展开。而在"综合+"项目式活动中，学生对于新型学习方式的回答、应变、实践活动以及产生的成效会让教师收获新的体验，让教师不断反思教学方式的多元化与民主化，教师在活动的具体操作过程中也应对着各种未曾计划的挑战，这促使教师不断优化教学方式，教学越来越体现真实性、情境性、时效性，教师身份也由主导者转变为引导者、合作者，由传授者转变为学习者、支持者。

第二章　"综合 +"项目式课程的内涵及主体框架

　　当前，我国基础教育课程改革正在进入一个新的历史阶段。2016 年 9 月，我国发布《中国学生发展核心素养》总体框架，以培养"全面发展的人"为核心，从文化基础、自主发展、社会参与三个维度，提出了中国学生发展核心素养体系。

　　伴随着《义务教育课程方案和课程标准（2022 年版）》的颁布，基础教育课程改革愈加重视核心素养在课堂教学中的落实，跨学科主题学习活动是发展学生核心素养的重要路径。在课程方案和各学科课程标准里，"跨学科"成为高频词，出现近 400 次。在义务教育课程方案中出现 6 次，在科学课程标准中出现 49 次，在数学课程标准中出现 29 次，在语文课程标准中出现 19 次，在艺术课程标准中出现 10 次。在《义务教育课程方案和课程标准（2022 年版）》中特别提到，各门课程用不少于 10% 的课时设计跨学科主题学习 [1]。由此可见，用跨学科的思维培养学生整体认知世界的能力，是站在教育的高度进行学习方式的创新，体现了新课程标准下教学的综合性、实践性和跨学科性，这将是新时代教育改革的重要方向。

第一节　"综合 +"项目式课程的内涵

　　2022 年 4 月，教育部印发了《义务教育课程方案和课程标准（2022 年版）》，标志着义务教育全面进入核心素养时代。新方案提出了"加强课程综合，注重关联""变革育人方式，突出实践"两条基本原则，并在"深化教学改革"部分明确提出"推进综合学习" [2]。这正是因为"综合"一词本身便与核心素养之间有着诸多的内在一致性，且学习方式的变革也已成为课程改革的重要支点之一。

　　为了体现义务教育阶段学生发展的长跨度、进阶性、综合性等特点，为了突出小学课程育人的全面性和综合性，体现基础课程的体验性，实现综合能力的全面发展，为了遵循"登

[1] 教育部关于印发义务教育课程方案和课程标准（2022 年版）的通知 [EB/OL].http://www.moe.gov.cn/srcsite/A26/s8001/ 202204/t20220420_619921.html.

[2] 郭洪瑞，张紫红，崔允漷 . 试论核心素养导向的综合学习 [J]. 全球教育展望，2022，51(5):13.

峰教育、幸福学子"的学校特色办学理念，本研究富有原创性地提出了"'综合＋'项目式课程"这一概念。"综合＋"项目式课程以培育中国学生发展核心素养为目标，适应现代信息时代个人和社会发展需要，以学校"善御课程"体系为基础，以项目式学习为主要教学方式，是国家课程、地方课程与校本课程的整合和延伸。

一、什么是"综合＋"

（一）作为课程形态的"综合＋"

从课程形态来说，课程可分为"学科课程"与"活动课程"两大类，是学校课程体系中重要且必不可少的组成部分，构成了课程育人体系的基础，需要开展高质量的设计与实施。

2017年9月25日，教育部关于印发《中小学综合实践活动课程指导纲要》的通知中提出，"综合实践活动是从学生的真实生活和发展需要出发，从生活情境中发现问题，转化为活动主题，通过探究、服务、制作、体验等方式，培养学生综合素质的跨学科实践性课程"[1]。至此，从国家教育政策层面规定，综合实践活动是基础教育阶段一门必修课程，与学科课程并列设置，是基础教育课程体系的重要组成部分。

2022年4月，新颁布的义务教育课程标准强调课程实践的重要性，主张通过唤醒、丰富、创造学生的社会实践经验，让深度学习成为可能。因此，高质量的"课程"一定是"综合实践活动课程＋其他课程＋多元评价"的综合体，除了发挥其作为课程应有的本体性育人功能，还引领着教育回归综合教学、回归人本、回归生活、回归活态教育[2]。

（二）作为学习方式的"综合＋"

学习方式是指学习者在进行学习活动时所表现出的行为方式与行为特征，学习方式影响着学习效能，进而影响学习者身心和谐发展。

2022年，《义务教育课程方案和课程标准（2022年版）》秉承核心素养导向，明确提出"推进综合学习"，这正体现了对学习立场的考量，使得课程改革的关注点从"学习内容"走向"学习方式"，即从综合课程走向了综合学习，凸显了以学习者为中心的价值理念[3]。同时，新课程为推进综合学习建构了三条路径：一是学科内整合学习；二是跨学科主题学习；三是综合课程的学习。

所以，高质量的"学习"一定是"综合＋"的学习，不再局限于综合课程的开发，而是将不同学科的知识进行整合，从而拓宽了学习边界或场域，体现了以"综合＋"学习方

[1] 教育部关于印发《中小学综合实践活动课程指导纲要》的通知 [EB/OL].http://www.moe.gov.cn/srcsite/A26/s8001/201710/t20171017_316616.html.
[2] 殷世东.综合实践活动：课程抑或学习方式 [J].课程·教材·教法，2019，39(4):116-121.
[3] 郭洪瑞，张紫红，崔允漷.试论核心素养导向的综合学习 [J].全球教育展望，2022，51(5):13.

式为核心的教育变革。

二、什么是项目式学习

项目式学习，简称 PBL，最早起源于美国教育家杜威的"做中学"，由他的学生克伯屈的设计教学法发展而来。这是一种以学生为中心设计执行项目的教学和学习方法。它提供一些关键素材，构建一个真实的环境。学生组建团队通过在此环境里完成一系列设计、实验、作品制作以及成果交流、反馈等学习任务，最终完成知识的构建、思维的发展。

项目式学习与传统学习方法相比，并不注重让学生们通过一个既定的方法来解决问题，而是强调学生在试图解决问题的过程中的实际思考以及发展出来的技巧和能力。所以，项目式学习不仅是落实新课标的重要抓手，还是新时代教育课程建设的重要组成部分，有利于促进学生核心素养的落地，有利于综合性育人方式的形成，有利于学生的深度学习。对于深入推进素质教育，构建五育并举的高质量教育体系，具有重要意义。

当今我国中小学课堂更多还是以传统的学习方式和教学模式为主的、以"知识为本"的教学和以"讲授为中心"的课堂，在这样的课堂中，教师以学业成就为导向，强调的是以知识和技能的训练来帮助学生获取尽可能高的考试成绩，忽视学生综合素质的发展。课程形态更多以分科制为主，教师多进行分科教学培养。在课堂中，并非所有的学生都经历了真实的学习。部分学生表现出自主学习内驱力不强、实践能力不够、创新能力不足、跨学科综合能力缺乏、所学知识与生活脱节等现象，导致学习与应用之间存在"两层皮"现象。

如何以分科的内容、不同的活动去实现学生的全面发展，实现素养的整体培养？这就要求我们在跨学科实践的目标定位上，实现学科素养与五育融合双线并行。具体来说，学科素养与跨学科素养应互相促进、共同进步。为了促进学生的全面发展，我们需要对学习目标进行跨学科的综合规划，同时对学习内容组织和学习方式进行整体设计和实施。这样学生就能经历一个完整而有深度的学习探索历程。所谓完整，非支离破碎、点状单一，缺乏逻辑关联的实践活动；所谓深度，非浅尝辄止，或快闪式探究、不深入，或程序式探究、走过场，为实践而实践。

由此，基于重庆市教育委员会发布的渝教基函〔2020〕19号等文件鼓励建设"课程创新基地"以及南岸区课改3.0等相关文件的精神，我们以重庆市第四期农村中小学领雁工程素养导向下的项目式课程创新基地为基点，以南岸区"综合+"种子教师工作坊为载体，探索"综合+"项目式学习的实践路径，即应用项目式学习，将综合实践活动课程的理念与方式深入地渗透在每一门课程当中，开展跨学科主题学习与实践课程，力求统整知识结构化、活动结构化，实现学习经验结构化，最终达到跨学科的整体育人目标。基于此，本研究关于项目式学习的内涵界定如下。

以真实情境下问题解决为驱动，通过主题整合学科及跨学科学习与实践，在任务驱动、问题解决中促进能力提升和素养发展。它是学科实践的重要方式与载体，体现了问题情境化、探究任务化、实践结构化的特征。

三、"综合 +"项目式学习课程类型

《义务教育课程方案（2022 年版）》在第五部分"课程实施"的"深化教学改革"中明确提出，"积极开展主题化、项目式学习等综合性教学活动，促进学生举一反三、融会贯通，加强知识间的内在关联，促进知识结构化"。各科课程标准也提出用项目的方式实施教学。但在实践过程中我们发现国家课程项目化学习质量低，相当一部分原因是没有准确定位项目类型。学科项目、跨学科项目做得像活动，没有学科味，而活动项目又非常复杂，总是用学校固定的主题去约束学生创造性地思考。所以，有必要对"综合 +"跨学科项目式课程进行分类。

我们综合新方案和新课标给出三条实施路径：一是从综合实践活动课程进入；二是每门学科课程用不少于 10% 的课时设计跨学科主题学习；三是不局限于 10% 的课程比例范畴 [1]，将"综合 +"项目式学习课程分为三类，如图 2-1 所示。

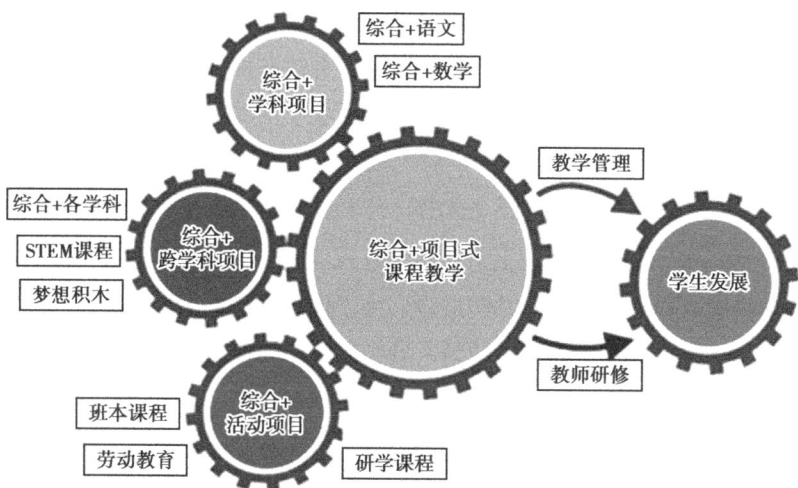

图 2-1　"综合 +"项目式学习课程类型

一是"综合 +"学科项目：主要依托国家课程的某一学科，突出实践，强调学以致用、用以致学，基于学科思维和方法，开展实践性的教与学的项目式学习。如数学五年级上册《小数乘整数》设计"航海冒险前的采买"相关驱动性任务，以联系生活实际的教学活动为导向，引导学生进行角色分工，驱动学生自主探究小数乘整数的算理与算法，掌握学习技巧，落实数学学科的核心素养。

二是"综合 +"跨学科项目：主要将两种或两种以上的学科统整，所有学科围绕同一

---

[1] 郭洪瑞，张紫红，崔允漷.试论核心素养导向的综合学习 [J].全球教育展望，2022，51(5):13.

主题组织教学，各学科相互融合，最终达到或超越原课程设置目标。比如，庆祝龙门浩隆平小学成立 110 周年之际，同学们作为策展人，从历史视角筛选学校重大事件，从语文角度选用多种文学题材形式表现学校故事，从美术角度创建"110·回声"时光长廊展厅。

三是"综合 +"活动项目：主要是以项目式学习方式开展班级活动、德育活动、劳动活动、研学活动……培养学生发现问题、分析问题、解决问题和经验总结的能力。例如，学校的"智能养蚕房"项目，结合学校"智慧养蚕"劳动主题课程体系，通过创意设计，制作出一个智能化的多功能桑蚕养殖盒子，既方便更换桑叶，又可以便捷地清理蚕沙，还能自动调试温度，大大提高学生的观察效率以及养蚕的便利性。

以上三类项目，每一类项目都有功能和价值，都会指向特定的课程功能和类型，体现了学科学习的学与教方式的变革与真实问题解决情境的整合，体现了学科核心素养和学习素养的融合 [1]。

"综合 +"学科项目指向学科核心素养，尤其是学科关键概念，以及支撑这些概念的具体知识与技能，还包含了学习素养、态度、价值观等。其目标聚焦于培养学生像学科专家一样，通过项目来学习学科中的重要观念、概念、能力并解决问题，从而形成高阶思维，以及能在新的情境中迁移与运用、转换，产生新知识。

"综合 +"跨学科项目重在学科统整，指向所跨学科的核心素养，同时也会涉及通用性的学习素养，需要对所涉及的学科知识、能力、概念有较为深入的学习和理解。其目标聚焦于培养学生形成全局性的"整合"思维，能在不同学科与现实问题的碰撞中挖掘痛点，在痛点处建构解决方案的框架，同时能巧妙运用组合、递进、冲突和融合等多种类型的思维方式。

"综合 +"活动项目指向通用性的学习素养。在活动项目化学习中，学生须灵活调用知识，并能获取一些新知识。但培养知识技能不是主要目的，其主要目的是培养学生创造性地解决日常生活中面临的真实问题的能力，培养学生提出问题、理解问题、研讨解决问题的方法，最终创意物化成果。

四、学习设计与实践

学习设计与实践源自 20 世纪五六十年代美国学科结构运动所遵循的过程哲学。布鲁纳（Bruner）认为学科内容包含基本概念、基本原理及其相互间的联系和规律。施瓦布（Schwab）建立了学生、教师、教材、环境交互作用的学科"实践课程范式"。这一"过程"思想影响美国数学、科学学科的发展，不仅要关注认知过程，还需要整合实践技能 [2]。

2022 年以前，我国对学习实践的学理探讨不多，但核心思想如知行合一、学以致用等

[1] 夏雪梅.在学科中进行项目化学习：国际理解与本土框架 [J].教育研究与评论，2020(6)：11-20.
[2] 崔允漷，张紫红，郭洪瑞.溯源与解读：学科实践即学习方式变革的新方向 [J].教育研究，2021，42(12):55-63.

都是中华优秀传统文化的核心内容。同时，在中小学教育中，实践教学如做中学、用中学、创中学等方面也积累了丰富的经验。2022 年，我国最新修订的《义务教育课程方案（2022）》与《课程标准》明确提出要强化学科实践，推进育人方式变革。崔允漷从课程领域回顾学科实践发展历程并进行内涵解读，认为学科实践是新一代的学习方式。刘艳提出以大观念、大问题、大任务为统领指向人之自我建构的教育实践。安桂清论述其重要价值并研究实施策略。刘长海对义务教育阶段"学科实践"进行界定，并探究其实施路径。此外，学科实践与跨学科教学相结合的案例较多，但主要聚焦于信息技术、数学、科学、化学等学科，而对学科实践与项目式学习融合推进的关注不够，还有很大的研究空间。

学习设计过程与学习实践过程是不同的。因为学习的发生依赖于学生主体，学生会以不同且被认为有效的方式解读和体验学习任务，进行实践[1]。所以，学习设计与实践的目的不是单纯地教与学，而是希望学生在学习活动中获得新的理解。

因此，"综合 +"项目式学习课程的学习设计与实践应是一系列有计划的教学设计与实施行为，即教师为实现所希望的预期结果而施行的有目的、优化性的概念与行动计划（设计学习任务、学习活动、资源和工具），以帮助学生实现特定情境下的特定学习目标。学习设计的成果应可视化、可共享、可重用，并能影响教师的设计决策并且最终影响教师的教学效果。

第二节 "综合 +"项目式课程的主体框架

"综合 +"项目式课程不是简单地将不同学科叠加，而是综合运用多个学科的知识，把学习活动的主题融合和统整在项目的学习过程中。它不是让学生静坐在座位上听教师传授知识和经验，而是将广阔的生活场景和专业的活动场所以及网络空间都纳入课堂范畴，主张将课本知识与实际生活紧密黏合。素养的形成取决于课程内容和教学活动的有机结合。

一是我们的课堂教学大都是分裂式的，既不利于学生关键能力、基本价值观念或必备品格的各自发展，又不利于它们的整体生成。由此，如何界定"综合 +"项目式课程教学设计与实践，同时兼顾综合与实践的特征，是我们面临的挑战。

二是"综合 +"项目式课程的广度和深度都要超过一般的、普通的教育活动，因此教师原有的活动设计、已有的知识罗列并不足以应对项目的开展，以及来自学习的提问。

三是项目式学习的连续性和长期性和当前课时的短期性和有限性存在矛盾，教师师资、部门的协调整合等管理机制问题，均影响"综合 +"项目式课程的实施。

[1] 蔡慧英，顾小清.联结学习设计与学习分析：教师技术创新教学的突破口——访西班牙巴利亚多利德大学雅尼斯·迪米特里亚迪斯教授 [J]. 开放教育研究，2020，26(1): 4-13.

伴随实践的深入，我们对项目式学习的认知也越来越深刻，我们认为构建"综合 +"项目式课程的主体框架（图 2-2）是衡量"综合 +"项目式课程科学性的直接依据，也是学生相关素养得以提升的重要保证。

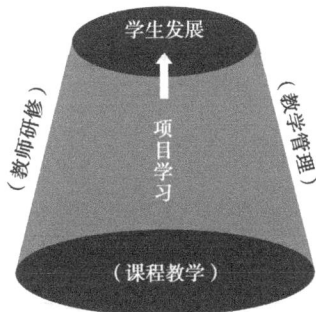

图 2-2 御峰小学"综合 +"项目式课程主体框架

在课程教学方面，"学科知识的落实与拓展""学生兴趣的激发与维持""关注学生的差异，提供支架帮助""开展有效的小组协作""组织高质量的作品评价"等策略既保证做项目的同时又保障学科教学目标的有效落实。学校注重课程教学，采取自主研发、引入再开发、合作开发和整合改造开发等方式，相继开发了"'小隆平'爱劳动""'好种子'游场馆，小眼大视界"等校本化项目群，分项目深挖"综合 +"项目式学习要素，整合各类课程教育资源，优化完善"综合 +"项目式学习课程体系，形成"综合 +"项目式课程教学实施范式，提炼行动策略。

在教学管理方面，"固化课程时间""强化教学评一致的教学设计与实施""优化教学场域""建设教学资源库"等策略为项目实施提供保障。学校注重教学管理，每一类项目式学习均围绕课程建设、教学设计、作业设计及命题研究四个方面展开研究，要求每一类实践项目学习有相应典型案例，并在实践基础上提炼可操作的工具，或实际策略路径。

在教师研修方面，"强化目标导向""创新研修形式""完善与发展教师知识结构""差别化知识需求"等策略为教师专业提升提供个性化服务。学校注重教师研修，在组织机构上整合"江南教育菁英"毛擘名师工作室、重庆市"核心素养导向的综合实践活动项目式学习"领雁工程及区域种子工作坊等研究力量，建立研修共同体，完善研修机制，开展跨项目、跨学科、跨学校的联合研修。研修内容聚焦"三力"提升，提升教师研修质量。一是聚焦课程领导力提升，开展项目式学习研修；二是聚焦实践智慧力提升，开展工作坊案例研修；三是聚焦行动反思力提升，开展专题式跟进研修。

这样系统综合的思考是在知识观、学习观、人才观等多个层面上进行的统整，在一定程度上可以解决分科教学和探究的矛盾，解决"教与学两张皮"的对立。在新的发展背景下，"综合 +"项目式课程作为一种新的教育变革理念，已成为改革的必然路径，全面进入课程改革场域，服务学生核心素养的培育。

第三章 "综合+"项目式课程建设策略

第一节 "综合+"项目式课程体系建构

　　"综合+"项目式学习是一种以学生为中心的课程学习，强调以学生的知识、生活经验和实际需要为核心，打破学科的界限，进行真实的问题解决和实践探究，发展学生的综合素养。同时，"综合+"项目式学习也是综合实践活动课程中的一种主要学习类型，主要包括提出问题、规划方案、解决问题、评价反思几个核心环节。

一、"综合+"项目式课程目标

　　御峰小学以努力办好"特色明、质量高、品质优"的中国式现代化新优质学校为发展目标。全面培养品格坚毅、体魄强健、全面发展、胸怀祖国、放眼世界的现代小公民。积极建设不畏艰难、勤奋进取、勇于挑战、探索创新的现代师资队伍。根据办学目标，特制订了"善御"课程。善：意为"乐于、擅长"。御：意为"驾驭运用"。学校围绕德、智、体、美、劳全面发展设置育人目标。全面实施素质教育，促进学生全面发展。发展目标见表3-1。

表3-1　御峰小学学生发展目标

涉及层面	发展要求	
	善	御
探究知识	热爱探究，在探究过程中，获得学习方法，了解世界，了解自我	探究知识方法和能力
创新获得	会采取阅读、观察、讨论、独立思考等各种手段去获得对知识的理解、生活技能的提升	逐渐形成自己的看法
身体素质	通过对自己力量、速度、耐力、灵敏和柔韧等的探究，获得对自我身体的认知	获得适切地提高自我、服务自我的成长意识
自我管理	探究管理"时间、思维、团队、劳动"的能力，获得对时空、思想和人的深度理解	获得自我学习、自我发展的能力

从"努力办好特色明、质量高、品质优的中国式现代新优质学校"的目标出发，我们开发出形式多样的，给学生的小学生活留下深刻印象的"善御"课程。根据上述育人目标，我们整理出"综合+"项目式课程年段目标，具体见表3-2。

表3-2　御峰小学"综合+"项目式课程年段目标

课程目标	知识功底	创新意识	身体素质	自理能力
低年级探究课程目标	师生共同探究学习的态度和基本方法，重在读写姿势、倾听、朗读背诵、阅读、表达等方面的探究	学会观察并做简单的记录，会进行绘画创作，并能正确表达自己的观察结果	积极、愉快地参加课内外体育锻炼，并且有自己喜欢的体育活动或体育游戏；初步了解个人卫生保健知识	自爱：懂得交通安全、地震、火灾等基本知识；自律：不影响他人，学会礼貌用语；自理：学会自己的内务自己整理，保持个人卫生和环境卫生
中年级探究课程目标	师生探究自主预习、复习的作用学习质疑，学习观察事物，学习操作简单的实验	学会操作简单的实验，并在实验操作中做出简单的实验结论；能进行七巧板、美画板操作、创作	乐于参加体育游戏、比赛，初步掌握球类运动的基本方法；初步了解一些疾病的危害和预防知识	自爱：学会自我保护，学习食品安全；自律：学会集会礼仪；自理：保持个人卫生和环境卫生
高年级探究课程目标	形成主动、自律的学习态度，养成随时使用工具书的习惯，勤于搜集资料，知道"读万卷书，行万里路"的道理	学会分析实验数据，会发现问题并思考；能用计算机进行绘画创作、小报制作；会动手制作一些小发明、小创造	学会通过体育活动进行积极休息，感受体育活动和比赛的乐趣，保持良好的身体姿态，提高灵敏性、力量、速度和心肺的耐力；在团队互动中形成合作精神	自爱：学会基础疾病防治知识，了解青春期知识；自律：尊重、帮助弱势群体，学会主动整理公共卫生；自理：学会整理学习用具，学会洗小件衣物

二、"综合+"项目式课程内容

御峰小学在"综合+"项目式课程的研究与实施中，经历探索、发展、深入三个阶段，从课程教学、教学管理、教师研修三方面进行项目式学习推进。探索阶段，御峰小学在语文、数学、英语等学科进行初步应用，开展"综合+学科""综合+跨学科""综合+活动"项目式学习，初步构建"综合+"项目式课程体系；发展阶段，学校开始建立起项目化学习的样态，从学科教师到教研主任，自下而上逐层渗透，梳理项目式学习教师研修路径，让项目式学习实施覆盖全学段、全学科；深入阶段，学校凝练项目式学习教学管理实施策略，落地学科项目化学习的新常态。

"综合+"项目式课程从学生的真实生活和发展需要出发，从生活情境中发现问题，将问题转化为活动主题，通过探究、服务、制作、体验等方式，培养学生综合素质，是跨学科实践性课程。在课程内容的构建上，注重各门学科知识的系统性，关注学生跨学科学习能力培养，尊重学生已有的知识和体验，以利于学生进行较为系统的自我知识建构，将核心素养理念融入综合实践活动课程中，以国家课程为依托，通过有效整合身边资源，开发"综合 + 学科""综合 + 跨学科""综合 + 活动"三大类别的课程体系，如图 3-1 所示。

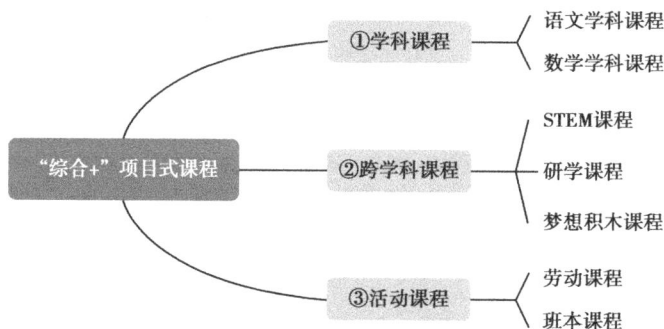

图 3-1 "综合 +"项目式课程体系图

"综合 +"项目式学习以完成真实的事情或任务为目标，旨在促成学生学习状态、学习内容、学习方式以及学习结果等方面的变革。

（一）"综合 + 学科"课程内容体系

项目式学习设计要针对"学用分离"的问题，以指向大概念的学习单元和结构化的任务驱动的思路回归"学用合一"，采用立足学习领域特征、强化知识的再建构和搭建学习支架等策略，聚焦学科实践，促进学生核心素养的达成。基于学科的"综合 +"项目式学习，课堂教学中，学科教师基于本学科的核心素养，融合其他学科内容，设计项目式学习活动。现以"综合 +"语文、"综合 +"数学为例，探究学科项目式实施内容，见表 3-3。

表 3-3 学科项目式实施内容示例

年级	单元内容	项目主题	项目作品	职业体验	学科跨界
1 年级	认识图形(一)	让旧物"立"起来吧!	创意立体图形组合	小小建筑设计师	综合实践、语文、美术、科学
2 年级	长度单位	你长高了吗?	身高测量图	小小测绘员	综合实践、语文、美术、体育
3 年级	数字编码	个人名牌——让失物找到自己的家	个人名牌	小小编码师	综合实践、语文、美术、信息技术
4 年级	角的度量	会开花的"角"	年宵花	小小插花师	综合实践、美术
5 年级	多边形的面积	瞧! 我们的创意花园设计	花园设计方案	小小景观设计师	综合实践、科学、美术、英语
6 年级	扇形统计图	课间活动大"PK"	扇形统计图	数据分析师	综合实践、美术、语文

《义务教育数学课程标准 (2022 年版)》将"会用数学的眼光观察现实世界、会用数学的思维思考现实世界、会用数学的语言表达现实世界"作为导向性课程目标，把学生的数学学习提升到对现实世界的观察、思考与表达的新境界，使得数学课程目标直接指向学生未来社会生活和职场情境中的思维模式和行事方式。由此可见，数学学习最终会走向对真实生活的深度感知、热切探索和诚挚服务。面向真实实践的学习，即真实性学习，是指"基于真实生活并面向真实世界的学习"。

在真实性学习理论下，学习不再是传统的简单记忆、接收信息及主题讨论，而是基于真实的问题，为学生提供支持，让学生在探索中应用技能、提升素养，并在学习过程中形成值得与社区和世界分享的、有价值的产品或方案，进而解决真实世界的问题，获得最佳的学习体验。例如，在"怎样公平、合理规划教室外的走廊和楼层公共活动空间呢？"这一驱动性问题的指引下，怎样才能在有限的空间里玩得开心、玩得安全？怎样才能合理规划活动区域，让课间十分钟更加丰富多彩呢？让我们利用"综合+"数学学科知识来测量我们的活动面积，科学地规划我们的活动空间吧！

真实情境提出问题：明确项目价值和项目素养，做好项目式任务计划，见表 3-4。

表 3-4 项目式任务计划表

学科素养	跨学科素养
抽象能力：能从具体的问题解决中概括出一般结论，形成数学的方法与策略	问题意识： 学会分解问题的要素和关系，学会表述问题
运算能力：能够理解运算的问题	
几何直观：运用图表分析问题的意识与习惯	规划与设计能力： 学会设计活动步骤
空间观念：根据物体抽象出几何图形	
模型意识：感悟数学模型可以解决一类问题	总结与交流能力： 能够进行成果总结与表达，初步具有反思的意识
创新意识：尝试从情境中发现和提出有意义的数学问题	调查与访问能力： 调查研究的目的和意义
推理能力：初步掌握推理的基本形式和规则	

（1）科学转化，建立模型：分析思考问题因素，联系实际提出假设，聚焦本质转化问题，形成思路建立模型。

（2）综合实践，解决问题：经过学生分组、实际调查、设计方案，尝试解决问题。

（3）完善交流，评价拓展：交流完善和反思改进。

例如，"中华传统节日"是三年级语文下册第三单元的"综合性学习"活动主题，教师基于这一主题，与计算机、美术等学科教师协同育人，组织学生开展对中华传统节日的"综合+"项目式学习活动。带领孩子"走近祖国的传统节日"，了解传统节日的由来，节日的习俗、节日的"吃文化"等。将中华传统文化、节日风俗习惯、地方风土人情、描写传统节日的诗词等知识内容合理恰当地融入整个实践活动中，让学生了解我国传统节日文化的相关知识内容，进而提高学生对传统文化的认识，拓宽他们的认知视野，培养学生提出问题的能力、收集处理信息的能力、分析和解决问题的能力以及表达与交流的能力。

（二）"综合＋跨学科"课程实施内容

2022年4月，教育部发布《义务教育课程方案（2022年版）》及各学科课程标准。新的课程方案及相关的课程标准特别重视课程的综合，要求强化学科内知识的整合，充分发挥课程协同育人的功能。明确要求各学科原则上不少于10%的课时用于设计跨学科学习，旨在帮助学生建立"跨学科的理解"，促进学生核心素养和自由人格的发展。课堂教学中各学科教师合作上课，用不同学科的表达方式聚焦于同一教学主题，聚焦学科素养和综合素养的培养，软化学科界限，改变学习方式。

在区域统筹及区教师进修学院的指导下，南岸区小学八大教育集团整体开展"共话抗疫"综合实践主题作业设计。主题作业围绕"低碳生活""居家锻炼""科学膳食""抗疫助力""在线学习""蔬菜保鲜""心理健康"等方面，系统建构作业任务群、研制发布作业指南单，开展综合学习，推进跨学科实践，让学习关联生活，让探究更富创意，让作业助力成长！其中，集团学校以"我是云游校园小导游"为主题，策划了一期线上项目式综合实践的学习，得到区域的认可。项目式综合实践学习作业清单见表3-5。

表3-5 项目式综合实践学习作业清单

作业主题	内容分解	素养指向	建议年级	研发单位
1.健身战疫，宅家锻炼	任务1：制订居家锻炼方案	健康生活 人文底蕴 实践创新	5—6年级	珊瑚实验小学
	任务2：设计亲子锻炼游戏		1—2年级	
	任务3：自制居家锻炼器械		3—4年级	
2.疫情下的低碳生活	任务1：节电攻略	健康生活 责任担当 实践创新	5—6年级	南坪实验小学教育集团
	任务2：穿衣指南		3—4年级	
	任务3：对一次性筷子说"NO"		3—4年级	
3.蔬菜保鲜我有妙招	任务1：叶类蔬菜的保鲜	批判质疑 勇于探究 科学精神	3—4年级	天台岗小学教育集团
	任务2：花果类蔬菜的保鲜		5—6年级	
	任务3：菌类蔬菜的保鲜		5—6年级	
4.居家学习我自律	任务1：居家学习小调查	问题意识 学会学习 自我规划	5—6年级	怡丰实验小学
	任务2：居家学习我规划		3—4年级	
	任务3：居家学习我有方		5—6年级	
5.抗疫居家科学膳食	任务1：居家科学膳食调查	健康生活 规划能力 设计能力	3—4年级	弹子石小学教育集团
	任务2：因需定制食谱		5—6年级	
	任务3：制作食谱营养飞行棋		5—6年级	
6.综合学习童心战疫	任务1：制作一份防疫宣传手册	跨学科学习 技术应用 实践创新	1—2年级	龙门浩隆平小学教育集团
	任务2：支撑"晴"彩世界		5—6年级	
	任务3：我是云游校园小导游		5—6年级	
7.我为社区抗疫助力	任务1：个人防护小妙招	问题解决 服务精神 责任担当	1—2年级	教师进修学院附小教育集团
	任务2：创意口罩 巧手暖心		3—4年级	
	任务3：核酸检测轮候方案设计		5—6年级	

续表

作业主题	内容分解	素养指向	建议年级	研发单位
8.居家生活 我心向阳	任务1：识别情绪，正确认识自我	身心健康 积极品质 自我调节	3—4年级	江南小学
	任务2：积极"暂停"，阳光心灵		1—2年级	
	任务3：心理游戏，融洽亲子关系		5—6年级	

（三）"综合 + 活动"课程实施内容

"综合 + 活动"课程是项目式学习的重要内容。项目式学习的活动设计主要是根据项目目标和驱动性问题确定达到项目目标和解决项目问题应该完成的系列子任务或活动。需要确定每个子活动的操作流程、实施方式，确定师生之间、生生之间的任务分工。另外，在小组合作学习中还需要说明小组中每一个成员的任务分工及在哪些方面应开展合作，明确项目阶段性作品的形式和要求。"综合 + 活动"课程设计示例见表3-6。

表 3-6 "综合 + 活动"课程设计示例

"综合 + 活动"	低段	中段	高段
爱党爱国	我是中国人	念念不忘的"红岩"精神	红船上走出的中国共产党
劳动种子	胜利"变蛋记"	留住鲜花的美	一品泡菜香
文化传承	舌尖上的重庆	京剧"大变脸"	我是故宫文物南迁策展人
御行文明	校园垃圾怎么办	家乡的"绿色小卫士"	绿色植物对空气质量的影响

现以御峰小学"综合 + 劳动活动课程"之"探寻中草药的秘密"为例，在国家课程项目式学习中，可以从两个方面来划分活动。一是从活动的主体来划分，可分为教师活动和学生活动；二是从项目实施流程来划分，可分为启动课活动、探究课活动和展示课活动。从横向上看，每个阶段的教师活动与学生活动是相互联系、一一对应的；从纵向上看，整个项目的教师活动或学生活动都各自环环相扣、层层递进。将整个项目式学习的实施过程划分为一系列活动，有助于学生循序渐进地完成项目作品，有助于科学有效地评价项目过程，有助于统筹项目时间安排。

学生经过四年的学习，已经适应综合实践活动课程，具备动手操作能力、语言表达能力以及解决问题的能力。五年级的课程将在以往的基础上，继续借助学生已有生活经验，引导学生探究，使学生在探究的过程中有所收获。

在项目化学习校本化的探索中，御峰小学将继续努力，努力实现其上下联通：上至国家课程意识的落实、办学理念的彰显；下至学生在展示问题情境解决中获得学习的真实体验，给予孩子丰富多元而又有纵深度的课程学习经历，形成良性循环的学校教育生态，成就学生全面、健康的发展，让学生在项目化学习中拥抱世界。

三、"综合+"项目式课程实施策略

"综合+"项目式学习是一种系统性教学手段,鼓励学生围绕复杂而真实的现实问题,通过设计、规划等工作,完成学习任务,最终得出成果并在此过程中发展协作精神、批判性思维和沟通能力。精心设计的项目课程能有效地教授学科知识和技能,加深学生对概念的理解,从而使学校课程对学生更具吸引力和更有意义。为此,我们依据项目课程设计的步骤,结合项目式学习的核心理念与基本要素,探索并总结小学项目课程设计中获取项目创意、寻找核心知识、确定主要成果、构建评估体系、形成驱动问题和规划教学方案的具体策略。项目化学习设计依托"新课标",以学校整体规划为主线,以学科教师的设计与组织为主体,强化同一年级不同学科之间的横向联系,重视同一学科不同年级之间的纵向发展,在各学科"课程标准"中捕捉相关内容依据,进行梳理、提炼和分析,进而提炼出"'综合+'项目式课程实施策略"。

(一)关注现实,获取项目创意

随着竞争的日益激烈,当今社会在服务、变革、创新等领域面临前所未有的挑战,这给学生探究和解决问题创造了条件。教师要让设计的项目更真实、更有意义,就要将学校与现实世界联系起来,创造各种挑战,让学生处理真实的工作和产品,探索与他们生活有关的问题,并学会与社区内外的成人和组织联系。

小学阶段的项目创意有许多来源。一是居住的社区。教师可以思考社区是否有问题值得调查,尽可能激发学生为其做一些事情的想法。例如,学生了解到越来越多的流浪猫生活在空地、公园等环境中,潜在项目可以是学生分析流浪猫面临的困境,调查人们抛弃宠物的原因,开展宣传活动,提高责任意识,然后提出帮助流浪猫的办法。二是与学生有关或学生感兴趣的内容。教师可以思考学生是否对特别的主题感兴趣,哪些主题可能与他们的生活有关。这些以解决问题为导向的项目往往与重要内容联系紧密。例如,课间游戏太疯狂,学生可能受伤。潜在项目可以是学生研究、练习并写出在课间休息时可以玩的安全游戏说明书。三是校外身份的人做什么。教师可以思考人们在商业、工业、艺术、农业、服务业或政府工作中面临什么问题或挑战。例如,在商界,企业家负责开发、销售产品和服务。潜在项目可以是学生扮演企业家,提出满足社区需求的新业务,并向可能成为投资人的成年人做演示。基于教材单元的项目化学习设计,首先,要对照课标进行摘录和分解,明确教什么、怎么教、教到什么程度;其次,确定单元学习目标和单元学业质量标准,梳理单元项目化学习思路;最后,规划整个单元的课时、情境及其主要内容,围绕大主题情境,开展项目化学习。

(二)把握标准,寻找核心知识

高质量项目的核心是教授学生重要的知识和技能。这些知识和技能主要源于学业内容中的课程标准和重要概念。课程标准规定了学生需要知道和掌握的知识,不同标准的重要性也不一样。在为项目选择目标时，教师要甄选出那些重要的、有意义的标准。这些标准必须是学科的重要概念和原则，如迁移能力、故事吸引力、冲突与合作等。

教师还应以发展学生批判性思维、解决问题能力、协作能力和沟通能力为目的来设计项目。在小学阶段，教师可重点训练和评估两种技能——沟通和协作能力。小学阶段的沟通目标包括挑选适合观众和情境的内容；有效运用口头演示技能；创建提高内容传递效果的媒体和视觉辅助；根据观众的反映和理解，适当进行演示调整；适当回应问题。要有负责自己工作的质量和及时性，运用反馈；接受小组工作的共同责任，帮助提高其他成员的工作质量和理解能力；使用或鼓励使用策略来促进讨论和决策；通过确定项目的优先级、创建时间表、组织资源和监控进度来管理项目；尊重其他小组成员的想法、意见、能力、价值观和感受；与不同的小组成员良好合作；使用冲突管理策略，提高小组的凝聚力。

（三）逆向思考，确定主要成果

项目式学习的本质是探究和解决问题。在学习过程中，学生与团队和成人合作，调查提出的问题，学习知识和技能，给出答案或解决方案，最后创造出高质量的成果并公开展示。学习成果是运用知识和技能所产生的结果，是衡量项目质量的重要标准。在确定核心知识后，教师要逆向思考，进一步明确项目的成果与演示方式。

演示方式一般根据成果样态和现有资源灵活安排：可以在学校走廊举办成果展览，可以邀请家长、社区人员或专家来观看学生演示，还可以把成果发布到互联网，让网友对学生提问并与学生团队展开互动。为此，教师要在项目早期就确定成果演示时间，并让学生在截止日期前做好充足的准备。

项目成果和演示方式的确定要遵循三条原则。一是主要产品与核心知识要保持一致。教师要明确，学生创建的产品应展示学生所学的内容，要把教材要求掌握的写作类型作为决定学生创建书面作业的基础。如统编语文五（下）有研究报告的教学内容，若项目针对五年级学生，就可以规划撰写研究报告作为项目产品。二是尽量让主要产品接近真实生活。如果项目计划是由学生扮演真实世界角色，学生就可以想象现实世界中真正发生的事情。例如，厨师的产品是菜单、示范食物配置；导游的产品是景点、景观等旅游计划；农民的产品是土地使用计划、作物种植、动物饲养和资源利用。三是除团队创建的产品之外还要考虑个人产品。个人学习在项目学习中至关重要。为此，教师要确保有足够的证据证明每个学生学到了内容。平衡个人和团队产品的方法是在保证项目意义的前提下，考虑做两个主要产品：一个是团队创建的；另一个是个人创建的。

（四）整体设计，构建评价体系

学习评估在项目学习过程中发挥着导向、监控和激励作用。有效的评估反馈是创造高质量学习成果的重要保障。高质量项目要求教师整体考量项目各要素，进而构建出均衡、合理的项目学习评估体系。这个体系涉及评估过程、评估内容、评估主体、评估工具等。

评估的基本过程是确定评估目标—设计评估方式—搜集反映学习情况的数据与资料—分析评估—制作评估报告。评估内容包括学生的知识建构、协作精神、思维发展、沟通能力、信息素养、创造性、职业道德等；评估主体包括教师、家长、领域专家、学生以及项目关联人等；评估过程可按实际需求，采用量规、概念图、电子档案袋、反思日志、测试、调查问卷等，对项目学习的计划、过程和结果进行科学分析并做出价值判断。

学生在项目式学习中通常有五种类型的表现：事实、概念、技能、过程和演示。事实知识的评测可以通过简答、选择等测试；概念的评估可以借助概念图和参考主要成果，或者结合"解释、说明、运用、视角、同理心、自我认识"这六个层面的理解表现；技能的评估需要量规或调查问卷；过程的评估可通过会谈、讨论、档案袋和反思日志；演示的评估可以利用系列量规或具体的项目量规。在小学阶段，量规是给予学生有意义反馈和建议的重要工具，它可以帮助学生有效提高学习质量（表3-7）。

表3-7　成果演示量规表

重要元素	低于标准	接近标准	达到标准	高于标准
眼神接触和肢体表现	不看观众，只读笔记或幻灯片；紧张握着东西或将手放口袋里；姿势不自信；服装与场合不相称	有一些眼神接触，或快速扫视房间，大多数时候在读笔记和幻灯片；有一些手势，但不自然，或手一直不动；姿势有一定自信，仅有一点紧张动作；尝试穿着与场合相称的服装	多数时候与观众保持眼神接触，只偶尔看笔记和幻灯片；自然使用手势；姿势自信；服装与场合相称	一直保持眼神接触，慢慢扫视左右观众，不看笔记或幻灯片；顺利使用手势，自然强调或说明要点；有目的地行动
听觉/视觉辅助	不使用辅助内容（图片、海报、地图、录音、幻灯片、其他电子媒体等）	使用辅助内容，但不会增加或可能分散演示者的注意力；辅助内容很难看到或听到，或内容凌乱不清；未准备好使用辅助内容，没有顺利融入演示	辅助内容给演示增色；辅助内容易于看到或听到，很整洁；准备好使用辅助内容，并且顺利带入演示	辅助内容特别有创意或很精彩；创建辅助内容或使用技术时显示技能；辅助内容和技术方面有问题时顺利处理
回答观众问题	不回答观众问题；说得很少或脱离主题	可以回答部分观众问题，但不清楚或不完整；可能或尝试通过伪装来回答一个具有挑战性的问题	清楚和完整地回答观众问题；回答一个不知道答案的问题时承认"我不知道"或解释如何可以找到答案	通过添加细节、示例或新要点的方式来回答问题；顺利处理不清楚、脱离主题或有挑战的问题

（五）聚焦概念，形成驱动问题

开放的驱动问题是高质量项目式学习的基本要素。驱动问题是学生展示核心概念的基石，用以传达项目目的和激发学生主动投入。驱动问题有两种类型。一是说明要创建的产品、要完成的任务或要解决的问题。这类驱动问题的模型如下。我们作为_____（角色），如何能_____（做任务/建产品）用于_____（目的和观众）？教师和学生可以借助该模型，通过回答下面的问题来获取驱动问题。例如，现实世界中是谁在做这个工作？这种角色的人创建了什么产品？采取了什么行动？产品或行动的目的是什么？这些驱动问题对于低年级学生和认为扮演现实世界角色十分有趣的高年级学生都十分有效。这是向学生展示成人世界的工作和职业、展示待人接物和处事方法的方式。二是关注一个可辩论的问题或一个有趣的话题。这类驱动问题集中在具体的问题、主题或一般的哲学问题上，其产品通常是一篇文章、多媒体或口头陈述，表达学生对问题的回答。这种驱动问题最常用于高年级学生。例如，我们应对学校大楼中的鼠患可以做些什么？故事中动物的行为和思想是否和真实动物的一样？成为好朋友是什么意思？我们祖辈年轻时的生活是什么样的？

（六）分解任务，规划教学方案

教学方案通常涉及时间、形成性评价、组织、文件和工具、专家和访客、重要内容、展示和作品等要素，是项目学习顺利开展的基础。规划教学方案具体指：为团队合作、技能训练、同伴反馈、形成性评估、督促与练习等预留足够的时间；确定何时让学生个体或团队开展探究，何时由教师进行授课；设计和准备重要的文件、工具、量规和手册；安排培训、实地访问、实地考察、校外专家咨询或者邀请专家到校讲座；安排促进概念理解的课堂研讨会、练习和测试等；分析成果展示流程并将整个过程分解成若干步骤，确定各个步骤中哪些要教，哪些需要练习，哪些需要改进，并为学生安排练习时间；确定并告知学生每个参展作品的具体要求，设定最后提交日期，安排编辑和修改时间。

"综合+"项目式学习需要聚焦核心概念和关键技能。在确定项目成果和演示方式、明白核心内容之后，教师可以采用逆向规划法，列出创造高质量产品、做项目演示需要的知识和技能，然后往前规划，将核心概念与技巧的学习分解成若干步，设计出系统化教学步骤，明确各步骤教授的概念和技巧，最后使用"项目教学指南"创建一个日程，显示每天会发生的事情。

例如，教师对项目"创作以新冠疫情为主题的剧本并公开表演"进行逆向规划，进而确立学习任务：认识戏剧；创作剧本；练习表演剧本；策划戏剧演出。教师可以针对每项任务，分解出学生需要知道且能够做的事情。以任务"创作剧本"为例，学生需要知道的事情包括：阅读优秀的剧本，聆听优秀剧本作家的讲座或接受指导，借助思维工具进行头脑风暴以获取剧本创意，拟订创作计划，创作剧本并进行修改和完善。有了明确的学习任务，创建项目日程就变得容易，学习流程也清晰可见了。

四、"综合+"项目式课程实施流程

逐步形成"3+5+2"项目学习流程，即"三个阶段""五个环节""两个活动"，如图3-2所示。

接下来就以"综合+学科"的一个具体案例来分享项目式学习流程的具体实施。

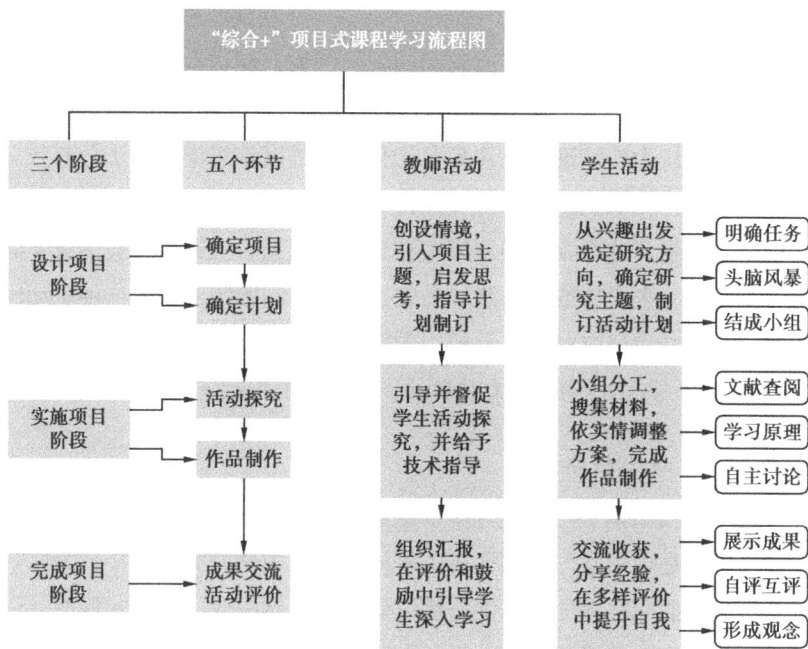

图 3-2   "综合＋"项目式课程学习流程图

(一)设计项目阶段

五年级下册第三单元是现代诗歌活动探究单元,本单元的课标要求学生学习、鉴赏现代诗并尝试创作现代诗,然后举办诗歌朗诵比赛。

基于以上活动探究内容和目标要求,确定本次项目化学习的项目是,举办以"热爱山河,赞美重庆"为主题的原创现代诗歌朗诵比赛。比赛流程图如图 3-3 所示。在确定项目之后,还应该明确项目的核心知识,根据课标和单元要求,这一单元的核心知识可以提炼为诗歌意象的选择、结构及情感表达。

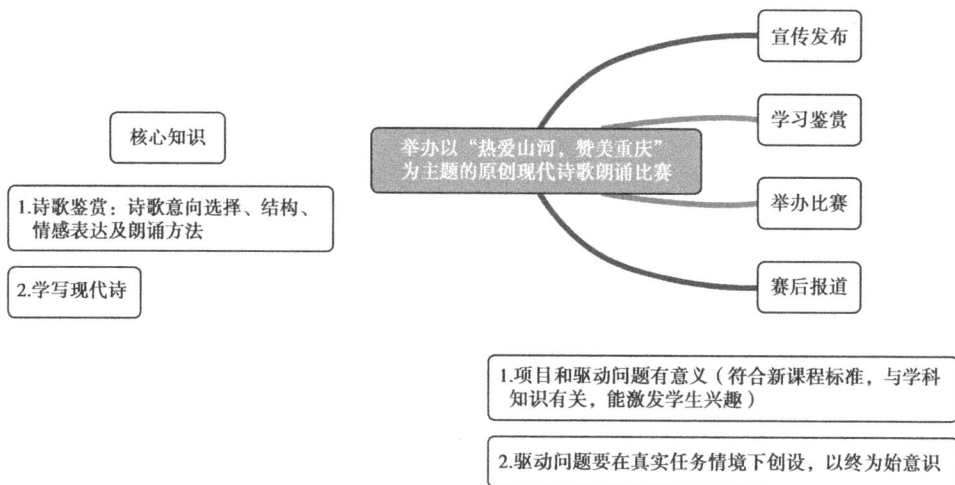

图 3-3   诗歌朗诵比赛流程图

项目和核心知识确定之后，我们还应该设置一个驱动问题，驱动问题就是驱动学生积极完成项目的一个真实任务情境。将驱动问题设置为，2022年是中国共青团成立100周年，也是喜迎党的二十大胜利召开的关键之年，御峰小学语文组准备在校园文化艺术节中举办以"热爱山河，赞美重庆"为主题的原创现代诗歌朗诵比赛，优秀诗篇将收录在校园文化刊物《善读者》中，你作为朗诵比赛的承办方和参赛选手应该做哪些准备呢？这样的驱动问题既让学生能够明确完成的项目，又给学生设置了特定的身份，代入感比较强，能够更加积极地让学生主动投入项目化学习中。

如何确定项目及驱动问题呢？我们可以根据单元主题、综合实践活动、生活实际需要、整本书阅读和单篇课文确定项目。驱动问题的设置，应该将项目问题与生活联系，创设一个生活中真实的任务情境或活动场景。

（二）实施项目阶段

确定项目任务是项目化学习最关键的环节，教师要和学生一起商量并确定项目任务群。本次项目准备完成五项活动：宣传发布、学习鉴赏、尝试创作、举办比赛和赛后报道。每一活动下设项目任务进行学科知识和综合素养的训练，在做项目的过程中锻炼学生关键能力并形成必备品格，树立正确的世界观、人生观、价值观。诗歌朗诵比赛的设计见表3-8。

表3-8 "热爱山河，赞美重庆"原创现代诗歌朗诵比赛

活动内容	项目设计	方法及设计意图
宣传发布	设计宣传海报，发布赛事通知	①跨美术学科学习；②解说海报理念和含义，考查图文转换的读图鉴赏能力；③学习应用文格式及微写作
学习鉴赏	①推荐优秀诗篇，感受诗歌之美；②我是朗读者：感受诗篇感受美；③我是评鉴人：推介诗篇评鉴美	①感受诗歌内容及情感基调；②运用朗读符号进行朗读设计，朗诵音频符合语文学习跨媒介阅读与应用特点；③审美、试听；④结合名家观点从细节上读诗歌鉴赏评价；⑤更深层次地挖掘诗歌内涵和情感；⑥紧扣课标要求：运用艺术评论欣赏、评价作品；⑦制作优秀现代诗评价量表
尝试创作	打卡重庆山河美景，表达当代家国情怀	①让学生实地考察、了解重庆诗城"奉节"山河景观，结合优秀诗歌评价量表创作诗歌；②表达对本土文化和景观的热爱，侧面渗透立德树人理念
举办比赛	筛选以后修改原创诗歌，举办诗歌朗诵比赛	自主组织文学活动，写出策划方案，制作海报，记录活动过程，能用文字、图表、图画、照片等展示学习成果
赛后报道	撰写新闻报道，推广项目成果	运用多种媒介发布学习成果

宣传发布阶段学生需要设置宣传海报、发布赛事通知，这一任务考查学生美术和计算机的学习能力，在解说海报理念和含义中考查了图文转换的读图赏图能力，也考查了学生关于通知这一应用文的格式及微写作训练。在设置任务时，教师一定要做到胸中有丘壑、眼中有课标，明确各任务考查学生哪些学科知识和能力。

入项动员环节教师要和学生一起明确项目目标及学习任务，确定教学进度并设想项目成果，强调各任务在完成过程中所考查学生哪方面的知识、能力和学科素养，确定小组；前置学科项目知识的铺垫等。项目实施整体规划见表3-9。

表3-9　项目实施整体规划

明确任务	完成时间	小组	备注
宣传发布			
任务一：设计宣传海报，发布赛事通知	1课时	一四组展示	其他组补充
学习鉴赏			
任务二：我是朗读者，朗读诗篇篇章美	1课时	二五组展示	其他组补充
任务三：我做评鉴人，推介诗篇评鉴美	1课时	三六组展示	其他组补充
尝试创作			
任务四：打卡重庆山河，表达家国情怀	1课时	全班都写	积极自愿展示
举办比赛			
任务五：甄选优质原创诗歌，举办诗歌朗诵比赛	3课时	各小组推选1人	班主任把关学校决赛
赛后报道			
任务六：撰写新闻报道，推广项目成果	1课时	各小组推选1人	

(三)完成项目阶段

完成项目的成果展示可分为阶段性成果展示和最终成果展示。我们可以通过微信公众号、课堂、教室墙面布置或年级展板等方式进行公开项目展示。项目总结可以是教师对本次项目进行全方位总结，也可以是学生进行个人梳理总结，目的是希望在下次项目化学习中能够做得更好，最好是在班级进行师生大总结，教师和学生一起参与并进行评价，体现教学评一体的评价导向功能。

在以"热爱山河，赞美重庆"为主题的原创现代诗歌朗诵比赛中，我们通过评价得出以下总结。①项目化学习的实施唤醒了学生对学习的热情，激励学生更加快乐自主地学习，让学生在做事中体验成长。②项目化学习培养了学生的关键能力，在做项目的过程中潜移默化地形成了学生必备品格。③项目化学习将知识由碎片化转向结构化，促进了学生高阶思维的形成，学生参与度高使课堂教学效果向好的方向发展。④在轻松和谐的项目化学习氛围中，培养学生成为有理想、有担当、有责任的时代新人。

第二节 "综合+"项目式课程的校内外基地建设

"综合+"项目式课程基地是基于御峰小学校情，在充分开发和利用"综合+"项目式课程资源的基础上，引导学生围绕项目式课程实施的重难点问题积极探究、勇于实践、学会交往、善于沟通，并形成良好的学习习惯的重要载体和场所。基地建设以课程全面建设、机制有效实施和促进学生的全面、健康、可持续发展为目的，充分体现学生主体、教师参与、社会协同的三位一体教育模式，通过开放共享基地，着力培育学生社会智能，以生活教育为途径，浸润学生的幸福人生。

一、"综合+"项目式课程基地建设的原则

"综合+"项目式课程基地建设的目标在于践行"知行统一、因材施教、学思结合"的人才培养模式，有效促进育人理念和育人模式的转变，特别是在资源整合、情境创设、跨学科学习等方面，促进学生学习方式转变，增强全体学生自主探究的学习兴趣，全面提升学生的学科素养以及跨学科素养。通过课程基地建设的实际场景，处理真实情境中的问题，加强跨学科的学习，提升综合能力，呈现了课程基地在核心素养培育上的独特优势。

(一)根植校本底色，突出素养指向

"综合+"项目式课程基地从主题的选择、内容的突破到过程的落实，每一步都需要基于学校本身资源。尤其在课程基地建设的酝酿初期，学校要组织专业团队围绕课程基地的筹建进行深入的研讨，增强对课程基地建设的校本分析和自我审视。通过调查分析本校的资源优势，包括教师的综合素质和特殊才能、校园文化生活、图书资料、信息技术设备、活动场地以及社区能提供的课程资源；将课程基地与校本资源有效结合，创设新型学习环境，促进学生提高学习效能，全面提高学生的综合素质和实践能力。

御峰小学校围绕"登峰教育 幸福学子"的办学理念，结合学校地理环境、人文特点等，坚持以人为本，建设多维多样的项目式课程基地。如"御厨堂""御音坊""御花园"等，建设有学校特色的项目式课程基地。

(二)统整服务课程，实施综合育人

在"综合+"项目式课程实施过程中，要聚焦于学科内相关内容之间的统合，以及不同学科之间的跨学科学习，促使学科内容及各学科知识之间有意义地联结[1]。"综合+"项目式课程基地拓宽了课程的实施途径，丰富了传统课堂的教学形态，从行动上践行了课程

[1] 汪明霞.基于项目式学习的跨学科统整课程实践研究：以"多种多样的校园植物"为例[C].广东教育学会2021年度学术讨论会暨第十七届广东省中小学校长论坛论文选，2021:1088-1092.

统整的理念，也从行动上使学习的过程发生着深刻的变化。在基地课程开发与实施过程中，注重课程统整，培育和践行社会主义核心价值观，突出培养学生终生发展的核心素养，充分利用学校丰富的课程资源，开展灵活多样的实践课程[1]。依托基地课程培养学生创新意识，提升学生的实践能力，在实践中充分挖掘和发挥基地的综合育人功能和价值。

（三）凸显技术革新，优化育人方式

随着时代进步，教育技术日益革新，"综合+"项目式课程基地建设要充分利用现代化教学理念、手段、设备去帮助、引导、辅助学生的内涵学习、自主学习。通过与信息技术的有效嫁接，提高"综合+"项目式课程基地的技术水平，彰显现代教育的高质量与现代化水平，优化综合育人方式。

二、"综合+"项目式课程基地的建设体系

学生核心素养的培养突出在真实情境中的学习，将学科知识与生活情境、社会情境和现实情境有机联系，凸显学科的实践和应用，而课程基地本身就强调情境实践特点。

一是基于场域学习。课程基地注重"做"中学，在特定的场域开展具有场域特色的"综合+"项目式课程，让学生在具体场域进行真实性学习实践，引导学生发现生活中的问题，探索生活中的问题，解决生活中的问题。

二是指向现实场景。在"综合+"项目式课程基地建设过程中嵌入了许多核心素养所需要的"包袱"、节点，形成综合性学习。"在场"学习[2]，使"综合+"项目式课程基地成为核心素养培养的落脚点、接入点。学生通过看得见的学科现实场景和看不见的学科历史场景，建构认知，进而形成主见。

三是体现"纵""横"结合。学生创新实践能力培养，在于知识体系的把握与横贯能力的有机结合。"综合+"项目式课程基地探索建构了知识体系与横贯能力结合的一种新的方式，即纵向课堂教学的分科学习+横向的实际场景主题教学。

基于以上基地特点，学校围绕"综合+学科""综合+跨学科""综合+活动"三大课程领域，建设了校内以信息化课程基地、项目式实践基地两大类别基地为核心的"五坊一两苑""综合+"项目式课程基地，以及校外场馆学习、自然实践、特色文化三大类别基地。其校内、外课程基地建设见表3-10和表3-11。

---

[1] 乔欣.基于项目学习的课程统整与实施策略 [J]. 新课程导学，2019(6):61.
[2] 胡来宝.基于在场学习力提升的培训效果显性化创新实践 [J]. 继续教育研究，2020(5):61-65.

表 3-10 校内课程基地建设体系

基地类别	基地课程名称	基地课程属性	课程内容	素养指向
信息化课程基地	御科坊	综合+跨学科	"艺"库	具备一定信息收集与处理的能力;调查数据的整理与研究报告的撰写能力;学会通过实验观察,得出结论,解决问题
			"意"库	
			"忆"库	
			……	
	御书坊	综合+学科	书书小伙伴	
			时间去哪儿了	
			……	
项目式实践课程基地	御陶坊	综合+学科	陶艺大师	具有问题意识,培养逻辑思维能力,养成会总结、交流的良好习惯,具备一定规划与设计的能力
			小小染色匠	
			……	
	御厨坊	综合+跨学科	一品泡菜香	
			舌尖上的微生物	
			变蛋大挑战	
			……	
	御音坊	综合+学科	御峰 Vioce	
			御峰之窗	
			……	
	御花苑	综合+活动	植物开发中心	
			中草药的秘密	
			绿娃娃成长记	
			植物拓印	
			……	
	梦想积木苑	综合+跨学科	小小建筑师	
			未来学校	
			……	

表 3-11 校外课程基地建设体系

基地类别	基地课程属性	基地课程内容	素养指向
场馆学习基地	综合+活动	放飞科学梦	为学生提供多元、丰富的环境刺激,鼓励学生,通过主动探究的方式获得多元化学习结果,提升综合素养
		触摸历史	
		……	

续表

基地类别	基地课程属性	基地课程内容	素养指向
自然实践基地	综合 + 活动	长江索道探秘 老街足迹 ……	在一个集自然体验、科普教育、休闲游憩于一体的自然实践教育基地,在亲近自然、感受自然、学习自然的过程中,培养学生对自然的认知、尊重、顺应和保护的生态观,建立人与自然的和谐关系
特色文化实践基地	综合 + 活动	时代小先生 红领巾讲师团 ……	学生在具有地方特色文化的基地实践学习,传承、创新、发扬地方文化,培养家国情怀,提升综合素养

(一)校内的课程基地建设体系

学校自古以来都是学生学习的重要场所,而"综合+"项目式课程基地是一种有别于传统课堂的学习空间。在课程基地,学生可以根据需要自主选择学习内容,同伴间可以随时讨论、分享自己的学习心得,学习活动变得更加真实、生动、有趣,各种学习资源更加丰富,教师对学生的学习指导更加具体、个性化。所以,课程基地要根据教学的具体内容和目标确定如何使用,不能变成日常教学的空间转移[1]。学生带着问题来这里查阅资料、动手实验、探索发现,可以开展学习沙龙,各自表达、分享学习成果,也可以在教师、专家的组织指导下开展专题学习研究活动。课程基地只有成为学生真正向往的地方,才能彰显其独特的风采和魅力。由于各学校的条件不尽相同,学校可根据各自的实际情况加以开发与利用。

依照"综合+"项目式课程基地使用情况,校内课程基地建设可分为两大类别。

1.信息化课程基地建设

在"综合+"项目式探究中,学生经常会碰到许多疑问。一些问题涉及的知识面比较广,往往教师也难以解答,但学生恰恰对这些问题感兴趣。学校可发挥学校的网络、图书馆的优势,建设信息化课程基地,如"御科园""御书坊"等,为"综合+"项目式学习活动提供更多的信息。

在开展最具红色底蕴城市调查研究活动时,学生对革命故事、红色文化、统计学的有关方法等方面的兴趣非常浓厚。这些问题单凭教材的讲解是没有办法解决的。学生通过信息化课程基地,自主收集信息并记录下来,然后集体交流总结。通过这样的自主收集信息,扩大了学生探究的范围,提高了学生进行研究、统计、分析、解决问题的能力。因而,校内信息化课程基地建设,使学生学习的欲望得到很大限度的满足,学生感兴趣的一些问题能得到有效解决,这就更加激发了学生探究的兴趣。

[1] 康红兵.学习场域实践建构中课程统整策略的研究[D].南京:南京师范大学,2017.

2.项目式实践课程基地建设

"综合 +"项目式课程强调学生的动手实践能力，学校充分利用科技室、劳动教育场所等建设项目式实践课程基地。如"御厨堂""御花园""御陶坊""御科苑""梦想积木室"……

"御科苑"课程基地为学生提供自主选择、合作研究性学习的科学实验场所，少了教科书的条条框框，强调了实验现象的趣味性、实验方式的多样性，重在有效调动学生学习的积极性和主动性。学生可以从奇异的实验现象中捕捉有用的、有价值的信息，站在自身的角度，提出各种各样的问题。在触及并追究科学原理时，它应该涉及哪些科学基础知识？知识点之间又是怎样相互衔接和综合的？这种顺其自然所形成的科学概念，极易与现代人的生活、生产实际和现代科技密切关联。其他各门学科充分合理地利用实验来组织学生进行探究性学习，也应该有异曲同工之妙。它既能引发学生诸多的遐想，又能激起学生急切动手一试的愿望。

此外，学校建设了"御厨坊""御花园""御陶坊"等"综合 +"项目式劳动课程基地，同时开发了基于"劳动精神、劳动态度、劳动能力、劳动习惯"等劳动核心素养，让每个学生在实践过程中都能得到发展的"项目式"劳动体验课程，如"物流大世界""秀场帮帮帮""书书小伙伴""植物开发中心"等，让学生从校园里的真实问题入手，让学生在驱动问题的助推下主动探索解决问题的方式并进行相关劳动任务群，让学生在不断挑战、调整、复盘中逐步提升劳动素养。

（二）校外的课程基地建设体系

人文环境是社会生活的缩影，真实地反映时代及现实的种种问题，是我们永远都学不完的"大教材"[1]。如果我们只把对教材的探究局限于课堂上，单靠直观教具或课件演示，是远远不够的，这样既会束缚学生探究的思维空间，又会造成学生科学探究的兴趣减弱，起不到好的教学效果。因此，有效地利用现有的自然环境与人文环境，建设校外课程基地，进行项目式实践活动，不仅可以增长学生的知识，也能激发学生的求知欲、锻炼学生的动手能力与运用能力。通过校外基地建设，树立双元协同育人的理念，探索开放式、互动式、社会化社区教育基地活动模式，实现教育资源与社会资源的有效整合，更能实现培养学生全面发展的目标。

目前，学校建设的"综合 +"项目式校外课程基地大致可分为三大类。

1.场馆学习基地

《中小学综合实践活动课程指导》将"博物馆参观"列为综合实践活动课程的学习方式。场馆学习又称博物馆性学习，指在各种与科学、历史、艺术等教育有关的公共机构，

---

[1] 杨益波.人文环境是软实力 [N].中国经济时报，2023-05-17(004).

如自然博物馆、科技馆、天文馆、历史博物馆、美术馆、动物园、植物园等场所发生的学习活动。[1]

建设"综合+"项目式课程场馆学习基地，学生在场馆中结合自己感兴趣的问题进行深入探究，其中包括"提出问题、分析问题、探索研究、交流反思"多个环节和内容。

2.自然实践基地

学生一般基于自然体验学习相关自然知识与经验，构建和自然的联结，探索大自然、人文环境中的学问。学校"综合+"自然实践基地建设"龙门浩老街实践基地""重庆长江索道文化中心"等，学生通过走进龙门浩老街实践基地，探访老街的每一个角落，搜集老街的资料，了解老街的人文、地理、文化等，开设"老街故事我来讲""老街建筑我搭建""老街样貌我绘画"等项目式课程，表达对老街的喜爱，倡议居民们保护老街。

3.特色文化基地

特色文化就是具有独特的、鲜明个性的文化，是在长期的历史发展进程中积淀形成的、由特定历史地理环境因素所决定的一种文化风貌。建设特色文化学习基地，关键是要把握特色文化资源的特点。如重庆山城、重庆特色火锅等。

重庆是闻名的山城。重庆的城门，九开八闭，历史悠久，总有一种姿势，显示着这座城市的朝气。重庆17座老城门中，朝天、翠微、东水、太安、太平、人和、储奇、金紫、凤凰、南纪10座门滨长江，金汤、通远、定远3座门连陆，临江、洪岩、千厮、西水4座门滨嘉陵江。学校建设"重庆城门"特色文化课程基地，让孩子走进这座山一样层叠的城市，穿过每一道城门，去探索重庆城门的那些事儿。立足本土和区域，探索着自己的家乡——重庆，探索她的历史和文化，探索她的未来与当下。唤醒这座城市留给我们的历史文化遗产，感受城市历史的沧桑巨变。并在基地学习中培养孩子们的团队合作、社会参与等关键能力以及对家乡历史、文化的认同、喜爱和传承，不断促进和培养学生的家国情怀等核心素养。

重庆火锅无疑是重庆传统饮食文化中最具特色和最为重要的组成部分，大街小巷遍布火锅店，就连街边也布满了卖麻辣烫和串串香的小摊。无论春夏秋冬，火锅店里都座无虚席。建设重庆火锅特色文化基地，构建火锅文化特色课程：追溯重庆火锅起源——解读山城文化；触摸火锅历史脉络——感受重庆岁月变迁；揭秘火锅美味根源——重庆火锅原料；参观火锅生产流程——感受现代流水工艺；火锅底料DIY——亲制美味带回家；品尝正宗重庆火锅——享受亲子自助餐。学生在项目式基地学习中，探索家乡特色美食文化，感受家乡人文，全面提升综合素养。

---

[1] 季娇，伍新春，青紫馨.非正式学习：学习科学研究的生长点[J].北京师范大学学报：社会科学版，2017（1）：74-81.

三、"综合+"项目式课程基地的运用策略

（一）紧密馆校合作，丰富创新实践

认真贯彻落实《教育部办公厅、中国科协办公厅关于利用科普资源助推"双减"工作的通知》（教基厅函〔2021〕45号）、《教育部等十三部门关于健全学校家庭社会协同育人机制的意见》（教基〔2022〕7号）文件精神，学校建设场馆学习基地，与重庆市科技馆紧密合作，充分整合科技馆教育资源，以馆校结合方式，搭建社会化合作平台，加大整合场馆、专家、学校等社会资源力度，促进馆校融合共建，探索馆校家共育模式，丰富学校课堂和课后服务内容，更好满足学生多样化学习需求。

学校结合义务教育阶段小学科学学科年段素养目标、年段课程内容，与重庆市科技馆实践基地联合开发"综合+"馆校合作课程，定期组织学生进馆开展课程教学，校内教材部分教学内容由学校教师执教，馆内辅导员教授相关科技原理内容。表3-12为学生进馆学习课程安排表。学生进馆学习的场景如图3-4所示。

表3-12 学生进馆学习课程安排表

时间	班级				
	四年级一班	四年级二班	五年级一班	五年级二班	六年级一班
8:00—8:30	集合、出发 （讲解行车安全注意事项及强调纪律）				
8:30—9:30	走进科技馆				
9:30—10:00	活动准备 （整体了解课程内容及学习要求）				
10:00—10:45	车辆溺水大逃亡	作用力与反作用力	奇思妙想生活坊·疯狂DNA	火车转弯的秘密	探秘电磁（放电环节须学校教师在场）
11:00—11:45	影子调色师	车辆溺水大逃亡	探秘电磁（放电环节需学校教师在场）	奇思妙想生活坊·疯狂DNA	火车转弯的秘密
11:45—12:50	午餐				
13:05—13:50	作用力与反作用力	影子调色师	火车转弯的秘密	探秘电磁（放电环节须学校教师在场）	奇思妙想生活坊·疯狂DNA
14:00—16:00	分楼层参观学习				
16:20—17:20	返回学校，回到班级总结提升，集体放学				

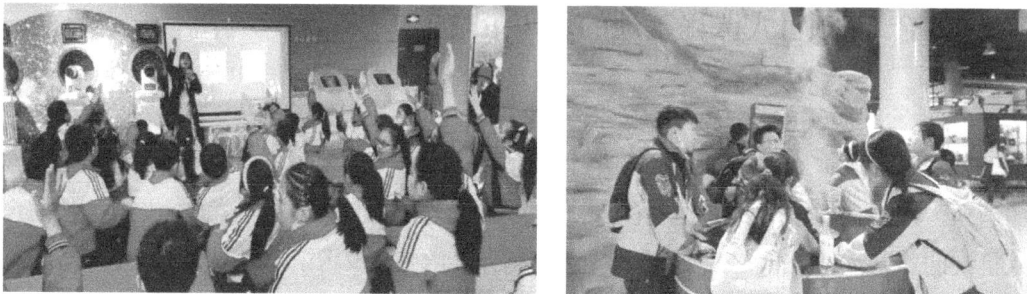

图 3-4 学生进馆学习

馆校合作,创新"综合+"项目式实践基地建设,以启迪学生好奇心、培育想象力、激发创造力为目标,用馆校合作的创新教育方式,适应学校学科方向、课程标准、课时和班级组织形式,开发多层次、多样化展教产品线,以满足学校不同年级学生的不同需求,让场馆课程基地成为学生校外的第二课堂。

(二)联动企业单位,拓展课程内容

企业单位是构成社会的一个个细胞,从多个角度与方面反映了社会生活的某些现象与联系,同时体现或掌握了国家的政策与要求,可提供较多研究的问题和课题,给学校的综合实践活动提供丰富的素材[1]。因此,建立学校与企业、学校与事业单位的稳定联系,能为"综合+"项目式课程的开发与研究提供非常便利的条件,并为社会实践活动的积极开展提供广阔的渠道。

御峰小学地处新兴社区,周围建筑尚处于建设之中,学校借此联动南岸区隧道轨道建设中心、中建五局江南隧道及茶黄路工程项目部,构建了"综合+"项目式课程实践基地,开展"探究江南隧道"家校社主题教育实践课程,在项目整体规划、隧道沙盘、施工步骤、工程机械、安全教育、质量管理等10余个项目学习中,探究学习施工过程中隧道挖掘、渗水、消防、防疫等环节的科学处置方案,通过互动交流,将教育、工程建设等融合到项目式学习过程中,立足岗位实践,开展沉浸式体验主题实践课程,走入大型工程建设现场,知晓了隧道复杂、烦琐的施工流程要求,感受到国家实力,了解行业劳动者的智慧与付出,特别是在山地居多的重庆,建设畅通交通需要克服更多困难,如图3-5所示。

学生通过社会实践课程基地学习,能够走进社会、融入社会,更加深刻地了解社会、认识社会,在学习中感受社会的进步与发展,明确社会进步的方向,感受改革开放伟大成就,感受地域特色文化和家乡变化,从而增强对坚定"四个自信"的理解与认同,从实践体验中增强历史使命感和社会责任感。

---

[1] 夏光.校区、园区与社区"三区联动"自主技术创新的模式、机制及实证研究[D].上海:上海交通大学,2007:4-5.

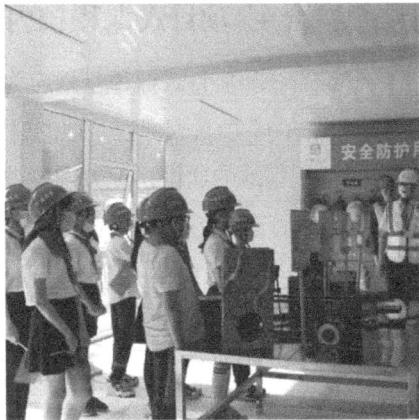

图 3-5　学生进江南隧道学习

（三）融合职业技术院校，贯通学段课程

党的二十大报告指出，"推进职普融通、产教融合、科教融汇，优化职业教育类型定位"。当前，基于职业启蒙的理念开展"职普融通"式劳动教育已是中小学劳动教育的重要途径。

重庆市龙门浩职业中学校（以下简称"龙职中"）作为国家级示范性中等职业学校，聚焦职普融通、中小学生劳动教育与职业生涯教育等，有着丰富的实习实训场所与师资等资源。御峰小学与龙职中共建"综合+"项目式课程基地，创新运用龙职中开发的"创客类""艺术类""人文类"等六大类课程以及 26 个社会实践教育体验项目，充分让学生在提供的 98 个实践活动体验场所大展拳脚。课程基地立体推动课程服务，为不同年龄、不同学段的学生"私人订制"以丰富"劳动教育菜单"的需要，确保让孩子学有所获、学有所为，如图 3-6 所示。

图 3-6　学生进基地学习

普职融合，学段贯通，是两校教育资源共享、探索职业启蒙教育的有益尝试。以校为点尝试打破基础教育与职业教育资源流动壁垒，让不同教育类型的校际教育资源共享更充分。通过普职融合的创新型基地课程，拓宽职普融通的途径，探索职业启蒙和职业生涯规划教育新模式，同时也为推进区域教育优质资源的共享贡献一份力量。

四、"综合+"项目式课程校内外基地实施管理办法

"综合+"项目式课程基地应为学生实验操作、实践探究等提供相应的条件和必要的服务。"综合+"项目式课程基地的建设和管理直接关系到实践教学的质量。为加强"综合+"项目式课程基地的建设，充分发挥课程基地在探究学习中的重要作用，加强和规范校内外课程基地的管理，需制定相应的管理办法。

(一) 管理总则

第一条 "综合+"项目式课程基地要以"立德树人""实践育人"为指导，以提升中小学生核心素养为目标，以培养学生社会责任感、创新精神和实践能力为重点，以有效整合中小学社会实践活动资源并组织开展实践活动为途径，引导学生亲近自然、了解社会、学会生存，促进学生全面发展。

第二条 充分发挥"综合+"项目式课程基地内外教育资源的功能和作用，实现学生学习方式的转变。强调学生要乐于探究、勤于动手并勇于实践，引导学生关注自然和社会，培养学生发现问题、思考问题和解决问题的意识和能力，学会与他人合作和分享，培养团队协作精神和创新精神，提高学生的创新实践能力。

第三条 "综合+"项目式课程基地建设方向正确、目标明确、主题鲜明、重点突出、有创新点，技术路线科学合理，实施举措操作性强。

(二) 实施细则

第一条 "综合+"校内课程基地经学校批准在校内建立，由学校审批，派专人负责其教学运行与日常管理，有计划、有组织地开展实践探索活动。

第二条 学校与校外有关部门、企事业单位、科研机构等，根据不同主题和学科特点，有目的、有计划、有步骤地共同协商建立校外课程基地。学校应主动取得与校外课程基地共建单位的协作，结合本单位实际和发展情况制订切实可行的教学计划，选聘兼职指导教师，共同组织、实施学生实践教学任务，加强学校与本单位内部各有关部门的联络工作。

第三条 在"综合+"项目式课程基地实施教学期间，学校与校外课程基地共建单位应确保学生、指导教师及相关人员安全并进行纪律、安全教育。

第四条 "综合+"项目式课程基地建设与发展规划，要纳入学校教育事业总体发展规划。在分管校长的领导下，由学生发展中心处及相关职能部门统筹管理。课程基地的立项、建设、撤销等须报学生发展中心备案。

第五条 "综合+"项目式课程基地应实行科学管理，完善各项规章制度，严格遵守有关规定。应建立工作日志制度，对教学工作、人员、经费、物资、环境等基本信息进行记录、统计和分析，及时、准确填报各种报表。

第六条 学生发展中心会同有关部门和教学单位不定期到课程基地检查、评估教学情况，或给予必要的协助和指导。

第三节 "综合＋"项目式课程教学设计

学习是促进人思维发展和社会性成长、促进人形成自我教育能力的过程。学习者必须经历"探究性实践、调控性实践和社会性实践",项目式学习强调让学生围绕真实而有意义的驱动性问题展开一系列探究活动,让学生综合运用学科核心概念、跨学科概念和科学实践解决问题。其核心在于"学习"。教师要创设具有挑战性的、基于真实情境的问题,鼓励学生在自主探索与社会互动相结合的综合性问题的过程中,经历应用的学习与探索的学习,形成自己的意义建构,并在展示学习成果的过程中经历深度学习。"综合＋"项目式课程是聚焦项目式学习的关键问题,结构化 PBL 的核心环节,助力教师成为项目式学习的教学能手。

一、驱动性问题的设计

(一)驱动性问题在项目式学习中的意义与价值

驱动性问题是教师根据教学目标,将比较抽象的、深奥的本质问题结合学生年龄特点,提前设计的、具有一定挑战性的,能激发学生学习兴趣、帮助学生全面深入学习的问题。好的驱动性问题,一方面能引发高阶思维,另一方面能提供问题化的组织结构,为信息和内容提供有意义的目的。[1]

驱动性问题围绕项目主体设计,契合课程标准并具有凝练意义,是能够引发学生自主探究并推动学生问题解决的关键性问题。好的驱动性问题能营造出由求知欲驱动的学习氛围,鼓励学生积极寻找问题和解决方案、制订计划、开展探究、记录和分析数据、收集证据、辨析观点、构建和共享学习成果,实现深度学习。

1.增强学生学习的一致性和连贯性

项目式学习由一系列教学活动组成,在教学中使用驱动性问题,可以让学生建立目的感,使他们的学习和探究始终指向目标。[2]驱动性问题可以让学生将注意力始终聚焦在核心任务上,让学生认识到每一个环节都与核心任务密切关联。因此,驱动性问题贯穿项目式学习的全过程,从而推进学习者的学习进程。

2.提高学生整合各学科知识的能力

由驱动性问题引领的项目式学习,建立起不同学科领域之间的联系,帮助学生整合他们所学的各学科知识,发展过程性的认知结构,提高知识的综合运用能力。这为落实《义

---

[1] 夏雪梅.PBL 学习读本 [M].北京:教育科学出版社,2018.
[2] 高潇怡、陈红兵.新中国小学教育研究 70 年 [M].北京:人民教育出版社,2020.

务教育课程方案（2022 年版）》中的"积极开展主体化、项目式学习等综合性教学活动"提供了切实可行的路径。

3. 帮助学生建立科学知识与生活的联系

驱动性问题是有意义、有情境的问题，能够将学生带入真实的世界情境中，让他们探究现实生活中的问题，搭建学科知识与实际生活的桥梁，激发并支持学生在解决问题中学习知识，提高学生整合学科知识的能力，引导学生关注"做"背后的思考，育人价值和学科素养价值得以彰显。

综上所述，驱动性问题具有真实性、挑战性和开放性的关键特点。

（二）驱动性问题的关键特征

驱动性问题是项目式学习的出发点，具有激发和组织学习活动的功能。真正的驱动性问题能够与学生的生活建立联系，促进学科知识与实践的整合，支持学生进行深度学习。设计驱动性问题时，须把握以下关键特征。

1. 驱动性问题需要将学生置于真实的情境中

项目式学习典型的特征之一就是情境性。它强调学习在真实的情境中发生，将学生的学习内容与现实生活相联系，创造性地将相关知识与能力的习得镶嵌在情境之中，产生有意义的学习。生活化、真实的问题情境，能够激发学生的角色体验，发挥学生的学习主动性，主动积极地调动知识、经验来解决问题。贯彻了"学习是为了更好地生活"这一理念，学习的最终目的在于运用于生活，服务于生活。

生活实际和生产实践中的真实问题往往结构组成不清晰，间接条件不充分，同时涉及多学科知识、技术和工程学知识，学生要运用高阶思维能力才能解决问题。在学科中开展项目式学习就要将真实问题转化为学科内的问题，将学科问题拆解和分项解决，并迁移回真实情境。因此，驱动性问题一般是基于真实世界的议题，学生能够在与他们生活息息相关的真实情境中进行探究，并会对他们的日常生活产生积极影响。例如，在探究"食堂剩余米饭怎么办？"这个驱动性问题是，教师带领学生收集、统计食堂每天的剩余米饭，并尝试将剩余米饭做成米酒，变废为宝，建立起与真实世界的联系，使其在潜移默化中学会节约粮食。

2. 驱动性问题应当具有挑战性

它携带着核心知识，让学生经历持续探究的过程去解决复杂的问题，同时在探究过程中深入理解核心知识，对学生的高阶思维和价值观都具有挑战性。

3. 驱动性问题还应该具有开放性

由于真实问题情境的驱动，学生对问题的探求被激发，他们自觉投入问题探究中，尝试去解决问题。通常来说需经历资料搜集、知识获取、自主思考、同伴合作、迁移运用等过程，学生在思考、在探究、在合作，实现的是知识、方法、能力、感情、思维、价值等综合应用和协调参与，在一系列具体实践中探求问题的解决，走向深度学习。因此，相比于传统教学知识的灌输与接受，项目式学习更加注重学生深入地去思考探究，对信息进行整理、分析和评价，多角度理解，从而探寻多样化的解决方法。

（三）驱动性问题的设计策略

驱动性问题会激发学习者的注意力，使其主动投入项目探索中。一个好的问题能提供给学习者一个广阔的、多维度的探索空间，既能激发学习者学习的内在动力，也能提纲挈领地指出持续思考、自我探究的方向。那么，在项目式学习中，如何设计驱动性问题呢？

明确学习目标。项目式学习中，总的驱动性问题决定项目方向，形成最终挑战性任务。子项目问题形成问题解决路径，与学习单元对应。课时学习中的问题串指引学生思考方向，是思维攀登的脚手架。设计驱动性问题时，须综合考虑项目的学习目标、蕴含的本质问题、项目的实践过程和项目产品等内容，凝练出具有挑战性的问题，并以合适的方式呈现。学习目标应以课程标准为依据进行设计，项目式学习中的学习任务要始终指向学习目标的达成，学习任务的有效开展需以驱动性问题为核心。在进行项目设计时，首要任务是明确和把握学习目标，然后根据学习目标设置核心任务。项目式学习进程中的核心任务在于学习目标的达成，而核心任务的有效开展需以驱动性问题为核心。驱动性问题的实施过程见表3-13。

表 3-13 驱动性问题的实施过程

环节	课堂实施	设计意图	设计策略
创设真实情境，提出驱动性问题	学生开展课前准备，教师向学生展示调查结果。 教师向学生介绍驱动性问题	为项目式学习提供真实问题情境，学生通过课前调查及数据分析，可理解驱动性问题，并产生开展项目的内驱力，进而激发学生提出系列相关问题	在实施时，最佳的状态是让学生自己提出驱动问题
师生共同界定问题并进行问题拆解	教师引导学生认真思考并尽可能多地提出与驱动性问题相关的问题。 学生小组讨论，提出问题并写在海报上进行展示。 师生共同总结，对提出的问题进行分类，指出学科知识关联类问题和产品类问题	培养学生独立、自主地结合学科知识提出问题的能力，为学生搭建合作学习、主动思考和交流的平台，使其主动构建和呈现对学习目标表的认识	在实施过程中，教师可以使用KWL表、问题解决表等为学生搭建学习支架，鼓励学生提出问题；教师给学生充分的尊重和充足的时间，引导学生形成多样的讨论结果
建构项目的问题链，聚焦学习任务	师生对项目问题链不断补充和完善，并将问题与学科学习关联，形成学习任务，展示项目任务的整体规划	使学生对项目具备整体认识和规划能力	在实施过程中确保学生的主体地位

二、项目式学习中的目标设计

(一)项目式学习中的目标意义与价值

项目式学习能够提高学生学习的主动性和积极性，能够培养学生的实践能力和解决问题的能力。在项目实施的过程中，学生需要面对各种实际问题和挑战，需要自己思考和解决。通过这个过程，学生不仅能够掌握更多知识和技能，还能够提高自己的实践能力和解决问题的能力。

项目式学习还能够培养学生的团队合作精神和沟通能力。在项目实施的过程中，学生需要与其他同学或者教师进行协作和交流，共同完成任务。通过这个过程，学生不仅能够学会如何与他人合作、如何表达自己的观点，还能够提高自身的沟通能力和团队协作能力。

1.提高学生的实践能力

项目式学习注重培养学生的实践操作能力和实际应用能力。通过参与项目，学生能够锻炼自己的实践能力，培养解决问题的能力和创新思维。

2.培养学生的团队合作能力

项目式学习通常需要学生组成小组进行合作。通过与他人合作完成项目，学生能够培养团队合作的能力，学会与他人沟通、协调和合作。

3.提升学生的综合素养

项目式学习通常涉及多个学科知识的综合运用。通过参与项目，学生能够将所学知识进行整合和应用，提升自己的综合素养。

4.培养学生的问题解决能力

项目式学习注重培养学生主动探究和解决问题的能力。通过参与项目，学生能够培养自己的问题解决能力，学会独立思考和寻找解决方案。

5.培养学生的创新能力

项目式学习鼓励学生进行创新和探索。通过参与项目，学生能够培养自己的创新能力，学会提出新的想法和解决方案。

总的来说，项目式学习的目标设定要从培养学生的实践能力、团队合作能力、综合素养、问题解决能力和创新能力入手，使学生能够在实际应用中灵活运用所学知识，解决实际问题。

(二)项目式学习中的目标设计策略

1.指向核心概念的建构

"学科项目式学习的知识观指向的是与学科本质有关的核心概念或关键概念、能力的整体的理解，定位更综合、更上位。"何为核心概念？美国课程专家埃里克森认为，核心概念是指居于学科中心、具有超越课堂之外的持久价值和迁移价值的关键性概念、原理或方法。 这些核心概念是学科内容的主干部分，对其理解与建构，有利于深入学科本质。基于此，在教学中开展项目式学习，教师不会着眼于琐碎、零散的知识点，更倾向于让学生掌握某一核心概念。因此，教师则要多方考量，提炼出学科的某一核心概念作为学习内容、过程、结果的聚合器，将散装的学科知识有效整合，以实现学生对关键知识领域的理解与建构。在项目式学习中，学生通过相关文本的阅读与探究，对这一重要概念进行领会，并通过进一步的迁移运用，形成对这一概念的深层次理解，建构起对学科更加系统、深刻的认识，对未来的学习产生恒久、深远的积极意义。

2.指向高阶思维的培养

高阶思维是思维的一种高级形式，至今教育界对此没有一个统一的界定。通常大家把布卢姆划分的认知领域中六个层级的学习目标作为低阶、高阶思维的评判标准，它们分别是记忆、理解、应用、分析、评价和创造。后三个层级被认为是高阶思维的体现。辩证来说，深度理解与综合应用这样更高层次的目标也属于高阶思维。国内钟志贤教授则认为"高阶思维是一种以高层次认知水平为主的综合性能力"。这种综合能力包括自主学习能力，能自我反思与调控，以及批判思考能力，还有通过探究解决复杂问题的能力等。总之，它是一种指向更深刻、更综合的思维层次。在阅读教学中引入项目式学习，就是要以一个具有挑战性的问题为锚，激发学生的学习动力。他们经历一番理解、分析、应用、创作，最后呈现可视化成果，这个过程指向的正是高阶思维。与传统的教学不同的是，项目式学习不是简单的文本理解、知识吸收和应用，而是追求学生在项目任务的驱动下自主参与问题的解决、完成自主阅读、形成批判性思考并不断自我反思、完成深层次的理解并学会在情境中迁移和创造。

三、项目式学习中的任务设计

列出驱动性问题是为了发散学生思维、发动学生思考。由于驱动性问题比较抽象，不具备操作性。因此，将驱动性问题分解成可操作、易回答的内容有助于为学生的项目探究指明方向。将驱动性问题分解为内容问题可以遵循以下步骤：首先，根据驱动性问题预设最终项目成果；其次，根据项目最终成果的要求，将项目分解为若干个子任务，这样做不仅有利于规划、设计有效的项目评价，还便于根据子任务分配合适的时间，需要注意的是，在分解和设计任务活动时，要涵盖所有学习目标；最后，列出完成各子任务需要解决的具体问题。

（一）项目式学习中的任务及类型

项目式学习是一种教学方法，通过让学生参与真实的项目设计、实施和评估过程，来促进学生的学习和发展。在项目式学习任务中,学生需要运用所学的知识和技能,解决实际问题或完成具体任务。这种学习方法可以帮助学生培养解决问题的能力、团队合作能力、创新思维和实践技能。项目式学习任务通常是跨学科的,涉及多个学科的知识和技能,可以提供更贴近实际的学习体验,这些任务大致分为以下几种类型。

探究型任务:学生通过自主探究和实践,来解决问题或回答疑问。这种任务鼓励学生主动思考和发现,培养他们的探索精神和解决问题的能力。

制作型任务:学生需要制作一个产品或完成一个项目,如设计一个模型、制作一个实验装置、编写一个软件程序等。这种任务可以培养学生的动手能力和创造力。

调查型任务:学生需要进行调查和研究,收集和分析数据,以回答一个问题或解决一个问题。这种任务可以培养学生的信息获取和处理能力,以及科学研究的方法和技巧。

社区服务型任务:学生需要与社区合作,解决社区中的问题或提供服务。这项任务可以培养学生的社会责任感和团队合作能力。

(二)项目式学习中的任务设计策略

在项目式学习中,任务设计是非常重要的。它可以帮助学生理解和应用所学知识,培养学生的解决问题能力和合作能力。以下是一些任务设计的要点。

1.明确任务目标

任务设计应该明确任务的目标,即学生需要达到什么样的学习成果。这可以帮助学生明确自己的学习方向,提高学习的效果。在开始项目之前,明确项目的范围和目标是非常重要的。这可以帮助学生确定项目的重点和方向。确保项目目标是具体、可衡量和可实现的。使用SMART原则来制定目标,即确保目标具有特定性(Specific)、可衡量性(Measurable)、可实现性(Achievable)、相关性(Relevant)和时限性(Time-bound)。将项目目标分解为子任务和子目标。这可以帮助学生更好地理解项目的复杂性,并使任务更易管理和实现。设定里程碑可以帮助学生跟踪项目的进展,并确保任务按计划进行。里程碑应该是可量化和可测量的,以便在项目进行过程中进行评估和调整。确定项目成功的关键因素是非常重要的。这可以帮助项目参与者集中精力和资源,以确保项目达到预期的结果。在明确任务目标的过程中,与项目团队和相关利益相关者进行沟通和协作是至关重要的。帮助获得不同的观点和意见,并确保任务目标得到共识和支持。

总之,明确任务目标是项目式学习的关键步骤之一。通过使用上述方法,能更好地理解项目的要求和目标,并制定出明确、可衡量和可实现的任务目标。

2.任务的实际应用

任务在项目式学习中起到了引导学习、激发学习兴趣、提高学习效果和培养学习能力的重要作用。合理应用任务,可以促进学生的主动学习和全面发展。任务设计应该与实际应用相结合,让学生能够将所学知识应用到实际问题中。例如,可以设计一个实际的项目,让学生在项目中运用所学知识解决问题。将整个项目分解为多个具体的任务,每个任务都有明确的目标和可衡量的成果。这样可以帮助学生更好地理解项目的结构和要求,并逐步完成项目。根据学生的能力和兴趣,将不同的任务分配给不同的学生或小组。这样可以激发学生的主动性和合作精神,并充分发挥每个学生的优势。将任务作为学习的导向,引导学生主动探索和学习。学生通过完成任务来获取知识和技能,而不是被动地接受教师的传授。在任务实施过程中及时给予学生任务的反馈,包括对任务完成情况的评价和建议。这样可以帮助学生及时调整学习策略并提高学习效果。将不同的任务进行整合,形成一个完整的项目。学生通过完成各项任务来逐步实现整个项目的目标,从而提高项目管理和综合能力。对学生的任务完成情况进行评估,包括对任务的质量、效果和学习过程的反思。这样可以帮助学生发现问题和不足,并提供改进的机会。

3.任务的开放性

任务设计应该具有一定的开放性,让学生有多种解决问题的途径。这可以激发学生的创造力和思维能力,培养学生解决问题的能力。确定开放性任务的目标和要求,明确学生需要完成的任务内容和要达到的学习目标。为学生提供必要的资源和指导,包括相关的学习材料、工具和技术支持,以帮助他们完成任务。鼓励学生在任务中展示自主学习的能力,引导学生选择学习的方式和方法,并提供必要的支持和指导。鼓励学生之间的合作与交流,可以通过小组合作、讨论和分享等方式,让学生互相学习和帮助。鼓励学生将任务完成的成果进行展示,可以通过展示会、演讲、报告等形式,让学生有机会展示自己的学习成果。

4.任务的合作性

任务设计应该鼓励学生之间的合作,让学生在合作中相互学习和支持。可以有效地落实任务的合作性,提高团队的工作效率和项目的质量。例如,可以设计一个小组项目,让学生在小组中合作完成任务。团队成员需要共同明确项目的目标和任务,确保大家都有一个共同的方向和目标。根据项目的需求和团队成员的能力,合理分工,让每个人都能发挥自己的优势,同时也要保证任务的协调性和衔接性。团队成员之间需要建立起有效的沟通渠道,可以通过线上工具、会议等方式进行沟通,及时交流项目进展、问题和解决方案。可以通过组织团队活动、讨论会等方式来促进团队成员之间的合作和交流,增强团队凝聚力和合作意识。团队成员之间需要相互分享资源和知识、互相帮助、解决问题,从而提高项目的质量和效率。成员之间需要及时给予反馈和评估,帮助大家了解自己的工作表现和项目进展情况,及时调整和改进工作方法。

总之,任务设计在项目式学习中起着至关重要的作用,它可以帮助学生更好地理解和应用所学知识,培养学生的解决问题能力和合作能力。

四、项目式学习中的学习实践

(一)学习实践方式

1.考察探究

学生基于自身兴趣，在教师的指导下，从自然、社会和学生自身生活中选择和确定研究主题，开展研究性学习，在观察、记录和思考中主动获取知识，分析并解决问题，如野外考察、社会调查、研学旅行等，它注重运用实地观察、访谈、实验等方法，获取材料，形成理性思维、批判质疑和勇于探究的精神。考察探究的关键要素包括发现并提出问题；提出假设，选择方法，研制工具；获取证据；提出解释或观念；交流、评价探究成果；反思和改进。

2.社会服务

学生在教师的指导下，走出教室，参与社会活动，以自己的劳动满足社会组织或他人的需要，如公益活动、志愿服务、勤工俭学等，它强调学生在满足被服务者需要的过程中获得自身发展、促进相关知识技能的学习、提升实践能力、成为履职尽责并敢于担当的人。社会服务的关键要素包括明确服务对象与需要；制订服务活动计划；开展服务行动；反思服务经历，分享活动经验。

3.设计制作

学生运用各种工具、工艺（包括信息技术）进行设计并动手操作，将自己的创意、方案付诸现实，转化为物品或作品，如动漫制作、编程、陶艺创作等。它注重提高学生的技术意识、工程思维、动手操作能力等。在活动过程中，鼓励学生手脑并用，灵活掌握、融会贯通各类知识和技巧，提高学生的技术操作水平、知识迁移水平，使其体验工匠精神等。设计制作的关键要素包括创意设计；选择活动材料或工具；动手制作；交流展示物品或作品，反思与改进。

4.职业体验

学生在实际工作岗位上或模拟情境中见习、实习，体认职业角色，如军训、学工、学农等。它注重让学生获得对职业生活的真切理解，发现自己的专长，培养职业兴趣，形成正确的劳动观念和人生志向，提升生涯规划能力。职业体验的关键要素包括选择或设计职业情境；实际岗位演练；总结、反思和交流经历过程；概括、提炼经验、行动应用。

综合实践活动除以上活动方式外，还有党团队教育活动、博物馆参观等。综合实践活动方式的划分是相对的。在活动设计时可以有所侧重，以某种方式为主，兼顾其他方式；也可以整合方式实施，使不同活动要素彼此渗透、融会贯通。要充分发挥信息技术对各类活动的支持作用，有效促进问题解决、交流协作、成果展示与分享等。

以四种基本活动形态为主开展教学活动:教学活动的设计需要突出综合实践考察探究、社会服务、设计制作、职业体验等主要活动方式,其各自设计的关键要素见表3-14。

表 3-14 教学活动的设计要素

活动形态	活动特性	应用例举	素养指向	设计要素
考察探究	确定研究主题,开展研究性学习,分析解决问题	野外考察 社会调查 研学旅行等	理性思维 批判质疑 勇于探究	发现并提出问题—形成课题—提出假设—获取证据—提出解释或观点—交流、评价探究成果—反思和改进
社会服务	走出教室,参与社会活动,以自己的劳动满足社会组织或他人的需要	公益活动 志愿服务 勤工俭学等	实践能力 履职尽责 敢于担当	明确服务对象与需要—制订服务活动计划—开展服务行动—反思服务经历—分享活动经验
设计制作	运用各种工具、工艺(包括信息技术)进行设计,并动手操作,将自己的创意、方案付诸现实,转化为物品或作品	动漫制作 编程 陶艺创作等	技术意识 工程思维 动手操作 工匠精神	创意设计—选择活动材料或工具—动手制作—交流展示物品或作品—反思与改进
职业体验	在实际工作岗位上或模拟情境中见习、实习,体认职业角色	军训、学工、学农等	职业兴趣 劳动观念 人生志向 生涯规划	选择或设计职业情境—实际岗位演练—总结、反思和交流经历过程—概括、提炼经验、行动应用

在教学实践中,四种活动类型既可有所侧重,也可整合,彼此渗透,融会贯通。教师需要根据教学实际,灵活应用四种基本活动形态,开展整体的、综合的、深度的实践活动,引导学生深度学习与实践。

(二)学习流程

2022年4月21日,教育部举行新闻发布会,介绍义务教育课程方案和课程标准修订情况。课程教材研究所所长张国华表示,各课程标准以核心素养为纲呈现课程目标,以主题、项目或活动组织课程内容,强化学科实践和跨学科实践,驱动教学内容与方式的深层变革。以主题、项目或活动组织课程内容,已经成为一种常态化要求。

1. "综合+学科"项目式实施流程

如何更好地融合"综合+学科"并体现项目式学习特性,我们提炼出学科实践四环节。
(1)真实情境,问题驱动
在真实情境中发现问题,以驱动性问题和挑战性任务促进项目学习深入开展。
(2)学科转换,学科探索
将真实情境中的生活问题,通过分析问题、提出假设、聚焦本质、建立模型,用学科的眼光进行转化,形成学科问题,并用学科的思想、方法、工具(如数学建模、科学探究、史料实证等）形成学科解决方案。

（3）综合实践，问题解决

将形成的学科方案回放于生活中，整合并应用更多的学科学习、实践方式（如调查访问、资料收集与整理、观察与实验、设计制作等）进行实际生活问题的解决。

（4）交流完善，评价拓展

对跨学科实践学习的问题解决进行交流完善、评价拓展，促进学生学习内化与外显、持续与深化。同时，注重评价指向与学习目标的关联，实现教学评一致性。

纵观四个环节，实现了学科与实践的整合，并链接生活实际，同时指向问题解决，让学生在实际问题的解决中，经历完整而有深度的跨学科学习与实践。

2. "综合＋跨学科"项目式实施流程

2022版新课标也提出了"跨学科学习"的要求，而跨学科学习也可以通过项目式学习的方法来进行组织。以语文为例，"跨学科学习"旨在引导学生在语文实践活动中联结课堂内外、学校内外，拓宽语文学习和运用领域；围绕学科学习、社会生活中有意义的话题，开展阅读、梳理、探究、交流等活动，在综合运用多学科知识发现问题、分析问题、解决问题的过程中，提高语言文字运用能力。以第一学段为例，1—2年级的主题包括热爱学习、养护生物、节日风俗等。养护绿植和生物，也出现在三年级统编版教材中。

第二学段包括校园活动、文化探究、生活调查等。第三学段包括文化活动、研学考察、未来生活等。这些主题都很清楚。

文学生活不一定是真实的物质生活，很可能是一种精神生活。这是语文学科所特有的。

可以看出，整个落实项目的过程都出现了问题，并都是通过任务驱动的方式来进行。在某一个主题下，我们预设了一个任务，让学生一起来参与、完成任务。这是教材给出的基本路径。其中，包括提出问题、分析问题、收集资料、得出结论、解决问题，以及问题驱动，但更多的是以任务来进行。此外，这些主题大部分和课标要求高度相关，科学技术是有的，心理健康是有的，环境资源是有的，人文精神也是有的。我们通过实践归纳并提炼了跨学科项目设计的基本流程如下。

①确定项目主题。

②明确问题或任务。

③设计实践活动与评价。

④展示成果与反思总结。

3. "综合＋活动"项目式实施流程

"综合＋活动"项目的启动与规划：需要明确项目的目标、范围、预期成果、关键里程碑以及资源需求等。针对项目的具体需求，进行活动策划。这包括活动的主题、形式、时间、地点、参与人员以及活动流程等。根据活动需求，进行必要的资源筹备，包括物资、场地、设备、人员等。确保活动所需的各项资源能够到位。按照策划的活动流程，组织并实施活动。确保活动的顺利进行，并做好突发事件的应对准备。在活动结束后，对活动的效果进行评估，收集参与者的反馈意见，以便对未来的活动进行改进。对整个项目进行总结，提炼经验教训，为今后的项目实施提供借鉴。

五、项目式学习中的作业设计

（一）项目式学习中的作业设计目标与原则

项目式学习中的作业设计目标，首先，要体现创新型作业的目标：一是学科目标，包括学科知识技能方法目标和学科核心素养目标；二是综合实践活动等跨学科目标，包括跨学科知识技能方法、跨学科融合型核心素养和非学科核心素养这三大方面。其次，项目式学习的作业设计必须体现项目式学习目标——完成作品的目标，项目式学习作业必有作品，这是该种学习方式区别于其他学习方式的独特特征。

项目式学习是一种比较专业的学习方式，融入作业设计中，要体现以下原则。一是主体性，即以学生为主体，表现为作业的体验性、实践性。二是特别突出生活性，即作业生活化、情境化，表现为真实性。"没有生活做中心的教育是死教育。没有生活做中心的学校是死学校。没有生活做中心的书本是死书本。"三是半开放性，即作业的内容、选题、项目任务群等既有教师的顶层设计，又留出一半空白，供学生自由发挥，激发学生自主探究的活力。四是系统性，表现为作业范围和内容的系统性和单个项目式作业全过程的系统性。五是多样性，在整体上，给学生呈现一个自由选择的"项目式作业超市"，作业种类多样、丰富。在单个项目作业上，学生的计划、任务、作品是多样化、非单一的。

项目式作业设计要统筹兼顾、抓根固本、内外兼修。"课标"要求，"既要培养学生掌握扎实的基础知识，又要培养学生自觉学习和运用知识的方法"。而项目式课外作业，不仅注重引导学生向概念性知识聚焦，还注重引导学生在真实的语言情境中正确掌握语言知识的应用规律，与"课标"正好吻合。换句话说，学生在项目式课外作业中最终习得的成果除了会正确运用语言知识，更重要的是习得一种方法、一种思想观念以及独立思考问题、独立解决问题的思维能力。

项目式作业设计要始终秉持并突出学生主动学习的意识。马东峰说："知识是学生主动建构的，而不是被动接受的。教师不能忽视学生已有的经验，应该把学生已有的知识经验作为新知识的生长点，引导学生从原有的知识经验中'生长'出新的知识经验。"这和"课标"指导要求是相契合的。项目式作业设计的驱动性问题不仅立足学生的经验成长及最近发展区，而且从（项目）活动开始到（项目）活动结束，整个过程他们都是知识的主动学习者、知识的主动建构者。这样的作业方式将学生置身于真实的问题情境中，以学生为中心，能够达到学了就用、活学活用的育人目的。

项目式作业设计要始终秉持培养学生的学习兴趣。"课标"要求,"要激发学生学习兴趣,保护学生好奇心、求知欲"。项目式课外作业从学生多元认知入手,借助学生已有的知识储备、兴趣爱好、生活习惯、思维特征,抛砖引玉,巧妙量化知识结构,实现二次知识的转化。这不但激发了学生对学科知识的兴趣,还保护了学生学习知识的好奇心,且运用学生的好奇心实现了知识的迁移。

项目式作业设计要始终秉持培养学生的独立思考问题与解决问题的能力。"课标"要求,"要培养学生独立思考问题、独立解决问题的能力"。项目式作业将学生置身于具体的语言情境中,把学生视作科学家、文学家、艺术家持续探究问题。这培养了学生独立思考问题、独立解决问题的能力和创造性思维能力。尤其是当学生在持续探究问题的过程中面对有分歧的问题时,就会透过现象看本质,打破常规思维,有自己的思考,敢于质疑,形成问题意识,在问题与思维的碰撞中筛选信息,寻找解决问题的方案,组织语言,得出结论。在这样的问题情境下,学生不再被动地接受知识,也不再死记硬背,而是基于一定的兴趣、方法和规律,主动寻求解决问题的根源,进而找到问题的本质。

(二)项目式学习的作业设计策略

1.作业内容难易有层次,可供不同学生选择

陈琦在《教育心理学》一书中指出,"对事物的理解和认识不是简单由事物本身决定的,是人在原有的经验基础上建构对周围事物的理解与认识,每个人的理解与认识是不同的"。这说明了人的认知能力的差异性。郑杰在《给教师的一百条新建议》中指出,"识别差异、尊重差异和发展差异,是教学的关键"。进一步指出了教育必须教学相长、因生而教的道理。学生由于受先天遗传及后天成长环境等各种因素的影响,其智力水平、认知能力、学习能力、思维方式必然有所不同。例如,稍有教学经验的教师都普遍知晓,对于同一个班级的学生以同样的授课方式布置同样的作业,最终收到的教学成效往往都是不相同的,于是教师们在内心深处就有了"优秀生""中等生""学困生"之别。这说明教师们在实践教学中观察到了学生学习能力的差异性,那么如何基于学生实际学情的不同设计有针对的作业以充分照顾到不同程度学生的学习水平呢?我们认为,最好的应对策略是,在深入了解每个学生学习现状的基础上设计难易有梯度的作业内容,比如,项目式课外作业根据"学困生""中等生""优秀生"学习能力的差异性,把作业内容的难易程度设计为基础巩固型作业、理解研究型作业、鉴赏评价型作业、能力提升型作业、创编型作业、个性化展示型作业六种类型。

2.作业形式分层次,可供不同个性的学生选择

苏霍姆林斯基在《和青年校长的谈话》中指出,"教师要有针对性地根据学生的兴趣爱好和多方面智能来设计作业"。并认为"作业设计应该使学生的知识面向广度和深度发展,

作业不但是提高成绩的路径，更是提高学习兴趣的途径，作业设计应以学生的发展为出发点"。这两段话实际上也告诉我们，教师应以学生为本布置作业，并根据学生的个性特长来开发多种形式的作业，以激发他们的学习热情。那么，如何基于学生的兴趣爱好来设计多种形式的作业以满足不同个性学生的学习需求，进而调动学生主动学习的热情呢？我们认为，最好的应对策略是针对每个学生的个性特长设计有层次的作业，这样学生就能够根据他们的喜好自由地选择最喜欢的作业类型。

3.作业完成量分层次，可供不同程度学生选择

著名语文教育家魏书生先生根据自己多年的教育实践经验在《教学工作漫谈》一书中提出了"定量作业法"。所谓"定量"是指教师根据学生的不同水平布置适量的作业，并与学生协定固定的数量，且稳定在一定时期内完成任务（作业）。这种根据学生的语文水平来设计的"定量作业法"实际上就是针对学生的个别差异来设计分层作业，可谓非常人性化，真正做到了以学生为本。所以我们认为，项目式课外作业的分层也可以借鉴魏书生先生成功的"定量作业法"来照顾不同程度学生的学习需求。

假期"综合+"项目式学习作业设计示例，如图3-7所示。

图3-7 假期"综合+"项目式学习作业设计示例

第四章 "综合+"项目式课程管理

第一节 "综合+"项目式课程管理推进路线

"综合+"项目式课程管理推进路线是一条系统化、科学化的管理路径，其核心目标在于通过集成多元化资源和手段，深化课程管理的优化与创新实践，以推进"综合+"项目式课程顺利实施。此推进路线主要分为三个阶段：基础调查、策略探究和整体推进，每一阶段都承载着特定的目标和任务，三者共同构建了课程管理改进的完整框架，如图4-1所示。

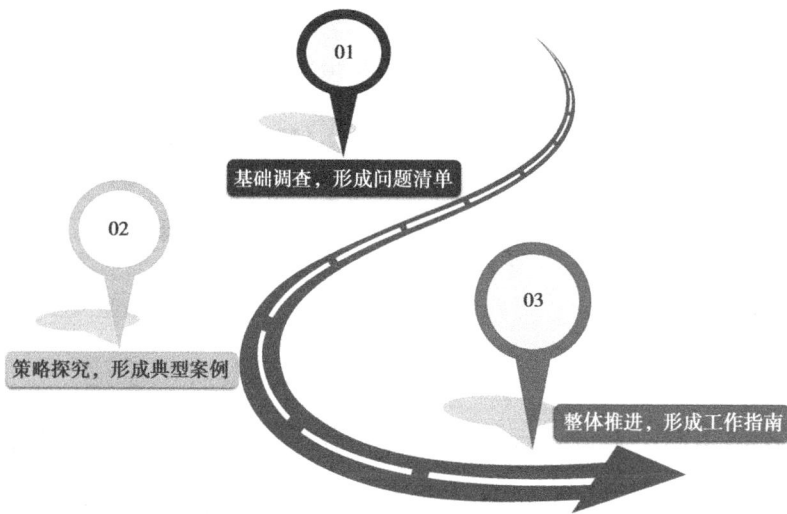

图4-1 "综合+"项目式课程管理推进路线

在开展初步调研阶段，核心工作聚焦于深刻解构现存学术领域的内涵，并细致探究教育进程中学生的求知路径与教师的教学策略。我们采取综合方法，包括数据汇集、实例剖析以及深度访谈等手段，力求全方位洞悉课程组织的亮点与缺陷，以此构建一份翔实而精准的问题诊断目录。这一过程有助于识别出课程管理中的关键瓶颈和痛点，为后续的策略制订提供坚实依据。

进入策略探究阶段,主要任务是针对问题清单中的具体问题,开展策略性的思考和探究。通过借鉴先进经验、结合实际情况、发挥创新思维,形成具有针对性和可操作性的解决方案。同时,通过打造典型案例,展示策略实施的效果和优势,为其他课程管理者提供有益的参考和借鉴。

在整体推进阶段,目标是实现课程管理的全面优化和提升。基于前期的策略探究成果,制订详细的工作指南,明确推进的步骤、方法和要求。通过整体布局、协同推进、持续改进等方式,确保各项措施得到有效落实,实现课程管理水平的全面提升。

一、基础调查,形成问题清单

在"综合+"项目式课程管理推进路线中,聚焦师生教与学基础调研,深入分析并形成问题清单,是一项重要任务。"综合+"项目式课程作为一种创新课程,其核心的教学模式,强调通过各学科实践和探索来促进学生的主动学习和批判性思维。在学校环境中开展"综合+"项目式课程学习的可行性研究,应当双管齐下,聚焦于学科教师对教学观念、方法等深度剖析与学生学习情况的细致探究。通过采用一个全方位、跨学科的视角,不仅能对各学科的教学内容与方法进行全面解构,还能深入挖掘学生的实际学习需求与能力现状,以此为基础,精心策划并促进此项目的有效落地。这样的策略旨在确保"综合+"项目式课程学习既能贴合教育的综合化趋势,又能精准适配学生的个性化成长路径。

(一)"综合+"项目式课程学情调研分析

1."综合+"项目式课程学习的学生需求与特点分析

(1)"综合+"项目式课程学习偏好与个性化需求分析

深入探索每位学生的独特学习风格与内在需求,通过科学的测评与细致的观察,精准勾勒出学生的认知偏好图谱。这一过程旨在构建一个高度适配的学习生态系统,使得设计出的"综合+"项目式课程不仅能够触动学生的兴趣神经,还能够与他们的学习节奏完美契合,最大激发每一位学生的学习潜能。

(2)技能层次与项目难度的精准匹配

细致评估学生的现有技能水平与知识基础,构建多维度的能力框架模型。在此基础上,精心校准项目难度,确保既不过于简单而使学生感到乏味,也不过于艰难而导致学生产生挫败感。通过这种精准的平衡艺术,我们旨在为每位学生铺设一条既有挑战性又能实现自我超越的"综合+"项目式课程学习路径,每一步都坚实地迈向技能掌握与心智成长的新高度。

2."综合+"项目式课程学习的学生反馈与参与热情优化分析

(1)"综合+"项目式课程的学生兴趣定制化洞察

通过精心设计的调研,细致捕捉每位学生对于"综合+"项目式学习的个性化兴趣点与偏好趋势，旨在精准绘制学生兴趣图谱，为课程设计提供灵感，确保项目内容直击学生内心的热爱与好奇，点燃其学习的火花。

（2）"综合 +" 项目式课程提升学习参与度

构建多维度的评估体系，不仅观察学生在项目活动中的表面参与行为，更深入分析他们的情感投入水平、思维活跃度以及团队合作的紧密度，全面描绘学生参与项目的立体画卷，确保教育实践既充满活力又深具意义，促进每位学生的主动成长与全面发展。

"综合 +" 项目式课程学习鼓励学生主动探索，适合不同年龄段的学生，尤其是 3—6 年级学生，因为这个阶段的学生已具备一定的基础知识，可以更好地进行跨学科学习和创新应用。从学生对"综合 +" 项目式课程的反馈与参与度来看，我们可以发现学生的兴趣所在，如图 4-2 所示。

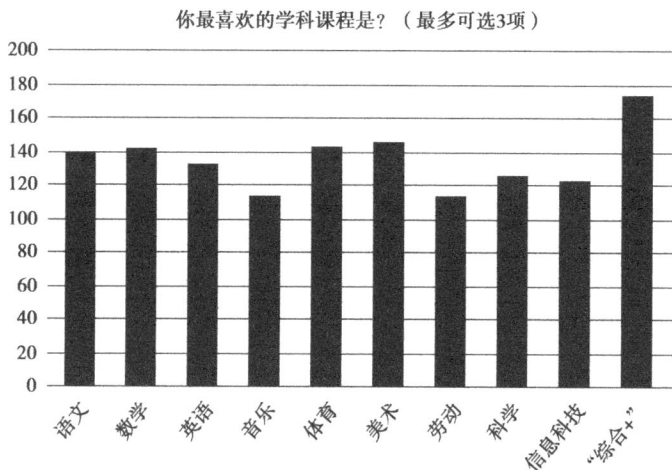

图 4-2　学生课程偏好调查

现状一：学生对"综合 +" 项目式课程学习的兴趣远超单一的学科学习，如图 4-3 所示。

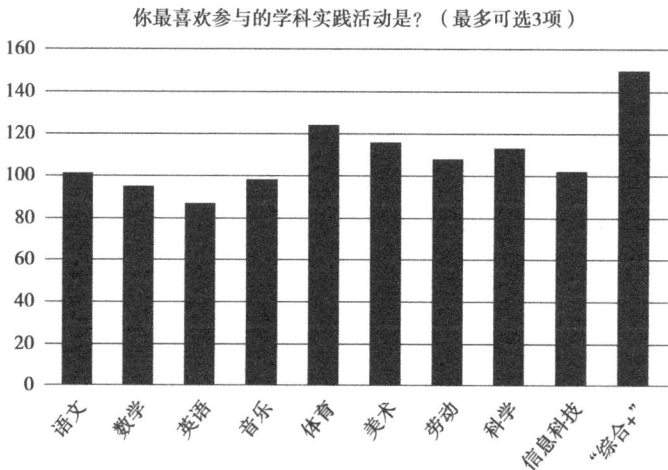

图 4-3　学生学科实践偏好调查

现状二：学生在"综合 +"项目式学习实践活动中的参与度，比他们在单一学科实践活动中的活跃程度有所提升。

由此可见，"综合 +"项目式课程学习与单一学科学习相比，在满足学生需求和适应学生特点方面存在显著差异。

（二）"综合 +"项目式课程教师需求调研

"综合 +"项目式课程学习的新样态，对教师是一个新的挑战。如何助力教师从学习理解到知行合一，探索项目学习设计的实践策略，是其落实和推进的关键。如何帮助教师转变观念、促进项目学习的理解内化？这是首先需要突破的问题。通过问卷调查、访谈或工作坊等形式，多维度了解教师的积极性、顾虑及改进建议，我们梳理了大量问题清单，如图 4-4 所示。

问题清单 1	如何转变教师教育观念
	如何认识"综合 +"项目式课程学习的育人意义？
	如何反思学生学习现状，理解转变和优化学习方式的重要性？
	如何将"综合 +"项目式课程学习融入深化课程教学改革的实践？
	如何理解与把握"综合 +"项目式课程学习的内涵、特征、要素？
	……

问题清单 2	如何提高教师实施"综合 +"项目式课程学习的能力？
	如何基于课程标准，培养学科核心素养及跨学科能力？
	如何选择适合项目学习的内容？
	如何在跨学科项目学习中科学合理地探索课程整合？
	如何得到学生的认同，激发学生积极参与项目学习？
	……

问题清单 3	如何实现"综合 +"项目式课程学习的教—学—评的整体设计？
	如何通过项目学习来促进学生的核心素养发展？
	在单元教学设计时，如何确定并围绕大概念来进行？
	如何在特定学科的教学中设计并执行跨学科的主题学习活动？
	开展项目学习时有哪些有效的课堂教学策略？可以采用哪些方法来保持学生的参与度和动机？
	……

图 4-4 "综合 +"项目式课程教师需求调研

系统地调研教师在"综合 +"项目式课程构思、设计及引导学生探究方面的能力现状，识别个性化与集体性的专业成长需求。这包括对教师在跨学科整合、问题导向教学法以及促进学生自主学习策略运用能力的深度分析，为构建高效能的"综合 +"项目式课程教学团队奠定基础。

二、策略探究，形成典型案例

当前，教学理念与方式呈现出多元化的趋势，问题导向、任务驱动、大单元教学、情境教学和深度学习等理念层出不穷。经过深入的学习与思考，我们逐渐对"综合 +"项目式课程学习形成了共识，它是对众多优秀学习方式的一种有效统整。然而，面对这些纷繁复杂的理念与方式，如何帮助教师吸纳并统整它们，进而开展整体性的项目教学设计，实现优秀学习理念和方式的有机整合，成为我们面临的重要课题。

（一）深度研培，知识精准内化

在研修过程中，结合具体的"综合 +"项目式课程实践案例，解析并阐述自己对项目学习的内涵、理念、特征及其要素的理解，并通过思维导图呈现，让教师的认知不再空泛表层、机械照搬，而是建构起具体的、有意义的认知，为其设计与实施奠定坚实的基础。同时，我们引入了"教师培训'微创新'5·3·1行动计划表"（表 4-1），以此作为教师培训过程中的一项有力工具。此表不仅用于详细记录教师在特定培训活动中的所得所获，更能够助力教师系统评估自身学习成效，并规划如何将所学知识和技能巧妙地融入日常教学实践。通过这一行动计划表，我们期望能够帮助教师实现知识的有效转化，进而推动"综合 +"项目式课程的有效实施。

（二）搭建学习支架，精准引导能力提升

"综合 +"项目式课程学习需要引导学生经历基于问题解决完整而真实的学习历程，它打破了原来常规单课落实的特征，需要从单元的角度进行系统设计。开展"综合 +"项目式课程学习的大单元系统设计，提供教学设计支架，促进教师项目式学习实施能力的提升。这种系统设计包括基于项目的单元学习计划，以及单元统整下的课时学习计划。

（三）分类推进，案例研修

1. 案例研修要素

在"综合 +"项目式课程学习方法中，教师案例研修分类推进是一个系统的过程，案例研修要素应明确（图 4-5），以确保教师能够在案例研修中收获实实在在的成长与进步。

一是确定案例研修的目标，明确教师需要达到的教学能力和知识水平；选择合适的案例，根据教学目标挑选相关的教育案例，这些案例应当能够体现特定的教学问题或挑战；

表 4-1 教师培训"微创新"5·3·1 行动计划表

学员姓名		单位		培训时间	
培训主题					
我在本次培训中收获的5点内容				我能实际运用的3点 (从左边选择√)	
1					
2					
3					
4					
5					
我承诺培训后应用1点(从上面三项中选择√)					
实施步骤 (按时间顺序)	1				
	2				
	3				
	4				
	5				
	…				
本人宣言					
推荐我的行动计划检查人姓名		学员签名: 签名时间:			
实践反馈情况					
行动计划执行情况					
检查人评估(请您把该学员行动计划的实施情况的鉴定评语"√"填写在右栏中)		1.非常有效□ 2.有效□ 3.一般□ 4.未实施□ 5.不了解□			
		检查人签名: 签名时间:			

设定具体要求,为每个案例设定具体的学习要求,包括理论知识的掌握、教学技能的提升等。二是识别关键问题,分析案例中的教学情境,找出需要解决的核心问题;设计解决方案,鼓励教师提出创新的解决方案,以解决案例中的问题;促进深入讨论,组织教师之间的讨论,分享不同的观点和策略,以促进问题的深入理解和解决。三是分析案例背景,详细了解案例的背景信息,包括学生特点、教学环境、课程内容等;探讨教学决策,分析案例中的教学决策,理解其背后的理念和可能的影响;提取经验教训,从案例中提取成功经验和失败教训,为今后的教学实践提供参考。四是总结有效教学策略,从案例分析中提炼

出有效的教学策略和方法；形成教学原则，将成功的教学策略转化为教学原则，指导未来的教学活动；创新教学方法，鼓励教师在案例研究的基础上创新自己的教学方法和手段。五是设计实践活动，鼓励教师将案例学习的成果应用到实际教学中，设计相关的教学活动；观察和反馈，在实践应用过程中，进行观察并提供及时的反馈，帮助教师调整和改进教学；反思和总结，鼓励教师在实践中进行反思，总结经验，形成个人的教学理论和实践知识。

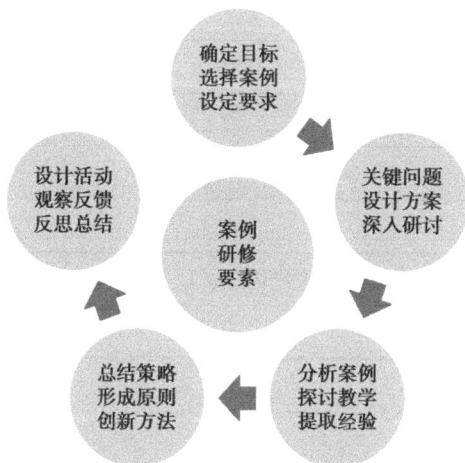

图 4-5　教师案例研修要素

2.研修推进方式

围绕"综合+"项目式课程关键特征分别组建三个教师研修共同体，明确各自的研修任务与重点，建立研修机制，成立项目学习种子工作坊，开展跨项目、跨学科、跨学校的联合研修、实践共进。同时，我们以教师研修共同体和关键问题研修两种方式分类推进教师研修。

教师研修共同体是一种将教师分为不同小组进行专项研修的方法，每个小组针对特定项目的教学技能或知识领域进行深入学习。在研修过程中，各小组不仅需要独立学习，还需要与其他研修小组合作，共享资源和经验，以实现共同的教学目标。

关键问题研修着重于解决教学中遇到的重点和难点问题，如驱动问题、目标设计等。这种研修方式通常要求教师集中研究并分享解决特定教学难题的策略，通过集思广益找到最有效的解决方案。

三、整体推进，形成工作指南

"综合+"项目式课程学习打破了学科壁垒，促进教与学方式革新，必然会促使学校课程形态重构、教学组织形态创新，以及师资、课时的统筹协调。学校在组织推进"综合+"项目式课程学习教学管理中，通过基础调研，梳理问题清单，在研究与实践中形成策略清单和典型案例,在此基础上形成具有学校内涵特质的《"综合＋"项目式课程学习工作指南》,以促进项目式课程学习的组织管理。

"综合＋"项目式课程学习工作指南

1. 引言

项目式课程学习是一种以项目为核心、强调实践与创新的教学方法。本指南旨在帮助教师有效实施项目式课程,提升学生的学习成效和综合能力。

2. 项目设计与规划

确定课程目标:明确项目式课程的教学目标,包括知识、技能、情感、态度等方面的具体要求。

选择项目主题:选择具有实际意义、能够激发学生兴趣且与课程目标紧密相关的项目主题。

制订项目计划:规划项目的时间安排、任务分配、资源需求等,确保项目的顺利进行。

3. 教学过程与方法

导入项目背景:通过讲解、讨论等方式,帮助学生了解项目的背景、意义及目标。

分组与合作:根据学生特点和项目需求,进行合理的分组,并指导学生开展有效的合作与交流。

指导与监控:在项目实施过程中,教师应及时给予指导和反馈,监控项目进度,确保学生按计划完成任务。

总结与评价:项目完成后,组织学生进行成果展示和经验分享,同时进行多元评价,包括自我评价、互评和教师评价等。

4. 资源与支持

教学资源:教师应充分利用教材、网络、实验室等教学资源,为学生提供丰富的学习材料和实践环境。

技术支持:教师应熟悉并掌握项目式课程所需的技术工具和方法,以便为学生提供有效的技术支持和指导。

团队协作:教师应积极与同事、学校管理层等进行沟通与合作,共同推进项目式课程的实施与发展。

5. 持续改进与反思

收集反馈:教师应及时收集学生对项目式课程的反馈意见,了解学生的学习体验和需求。

总结经验:教师应对项目式课程的实施过程进行总结和反思,提炼经验教训,不断完善教学方法和策略。

探索创新:教师应关注教育领域的新理念、新技术和新方法,不断探索和尝试,将其应用于项目式课程中,以提高教学质量和效果。

6.注意事项

确保项目的实践性：项目式课程应强调实践与应用，确保学生能够在实际操作中掌握知识和技能。

关注学生的个性发展：教师应尊重学生的个性差异和兴趣特长，在项目设计和实施过程中提供个性化的指导和支持。

培养学生的综合能力：项目式课程应注重培养学生的批判性思维、创新能力、团队协作等综合能力，为学生的未来发展奠定基础。

"综合 +" 项目式学习是一个动态的过程，需要教师的耐心和创造力。通过这份指南，我们希望能够帮助教师在课堂上成功地实施 "综合 +" 项目式学习，激发学生的学习热情，培养他们成为解决问题的专家。在实际操作过程中，教师应根据具体情况进行灵活调整和创新实践，以更好地满足学生的学习需求和发展目标。

第二节　教师研修

随着新课改的深入推进，项目化学习越来越受到教师关注。但在具体的教学实践中，教师对项目化学习的本质和特征缺乏足够认识。在教师研训中，原先统一的讲座式研修模式、会议式研修目标布置，已难以满足项目化学习教师的专业发展需求，项目化学习教师需要更真实的学习场景、更多的学习途径、更生动的学习样式和更开放的学习空间。

一、组建研修共同体

为贯彻落实《义务教育课程方案和课程标准（2022 年版）》中提出的 "每个学科要有10% 做跨学科学习"、党中央和国务院关于教育的论述中提出的 "重点解析优化教学方式"、重庆市教育委员会发布的渝教基函〔2020〕19 号等文件鼓励建设 "课程创新基地" 以及南岸区 3.0 课改等相关文件的精神。现以重庆市第四期农村中小学领雁工程素养导向下的项目式课程创新基地为基点，南岸区种子教师工作坊为载体，探索 "综合 +" 项目式学习的实践路径。

（一）农村领雁工程项目引领

根据《重庆市教育委员会关于继续实施农村中小学领雁工程的通知》精神，我校申请立项《素养导向下的项目式学习实践研究》，成为课程创新基地，以该项目为立足点，以校点带动集团联盟校，以集团联盟校辐射区域创新，让更多教师参与项目式学习的探索。农村中小学领雁工程项目引领一些优秀的农村中小学，带动周边农村中小学的发展，提高农村教育质量和水平。

1. 提供优质教育资源

引领学校通过与城市小学的合作，共享教育资源，包括教材、教学方法、教师培训等，从而提高农村小学的教学质量和教育水平。

2. 建立教育合作网络

引领学校与周边学校建立合作网络，通过定期交流、互助合作等方式，共同提高教育质量，从而形成一个良好的教育氛围，促进教育的共同发展。

3. 提供教育改革经验

引领学校通过教育改革实践，积累一些成功的经验和做法，然后与周边农村中小学分享，从而帮助学校更好地进行教育改革，提高教育质量。

4. 加强师资培训

引领学校组织教师培训，提高学校教师的专业素养和教学能力，从而提高教师队伍的整体素质，进一步提升农村中小学的教育质量。

(二)种子教师主题研修工作坊培养

根据重庆市南岸区教委办公室《南岸区课程教学改革种子教师主题研修工作坊建设指导意见》和《重庆市南岸区课程教学改革种子教师主题研修工作坊项目群管理暂行办法》的通知，我校作为区级"综合+"项目式学习工作坊的设点学校，选拔区域优秀教师，参与系列研修培养，建成骨干教师队伍，其培养路径如图4-6所示。

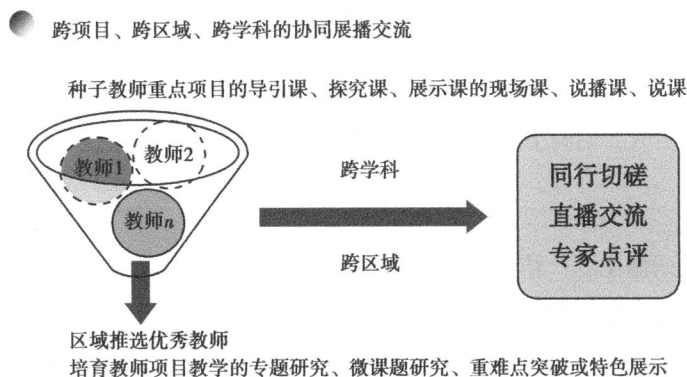

图4-6 区域种子教师研修培养路径

1. 培养目标

种子教师主题研修工作坊是一种专门为教师提供培训和发展机会的活动。它旨在培养教师的专业知识和技能，提高他们的教学水平和教育质量。

2.培养方向

种子教师主题研修工作坊通常由专业的培训师或教育专家组织和指导。可以根据教师的需求和兴趣，选择不同的主题进行培训。这些主题可以涵盖教学方法、课程设计、评估和反馈、教育技术、教育心理学等方面。

3.培养方式

在种子教师主题研修工作坊中，教师们可以通过参与讲座、小组讨论、案例分析、角色扮演等活动，学习和分享教学经验和最佳实践。还可以与其他教师建立联系，进行合作和互动，共同解决教学中的问题和挑战。种子教师主题研修工作坊的培训内容和形式可以根据不同的教育机构和教师的需求进行调整。它们可以是短期的培训课程，也可以是长期的专业发展计划。此外，种子教师主题研修工作坊还可以结合实地观摩、教学实践和反思，提供更具体和实践性的培训体验。

通过参加种子教师主题研修工作坊，教师们可以不断提升自己的教学能力和专业素养。他们可以学习到最新的教育理论和方法，了解教育改革的最新动态，提高自己的教学效果和学生的学习成果。

（三）研修小组建设

遴选出项目式研修团队，将教师按个人发展倾向、学科教学基础、综合能力分为"综合＋语文学科""综合＋数学学科""综合＋跨学科""综合＋活动"四大研修小组，构建研修共同体，以小组研修为载体，进一步推动后续培训。

1.明确目标

确定校本研修小组的目标和任务，如提升教师的教学能力、推动教育教学改革等。

2.组织架构

设立小组负责人，明确小组成员的职责和分工，确保小组的运作顺畅。

3.招募成员

根据小组的研修主题，结合目标和任务，招募对教育教学有热情和专业素养的教师作为成员，确保小组的专业性和有效性。

4.制订计划

根据研修主题的实际情况和教师的需求，制订研修计划，包括研修任务、时间安排、研修形式等。

5.资源支持

为小组提供必要的资源支持，包括经费、场地、教材等，确保研修活动的顺利进行。

6.开展研修活动

根据研修计划，组织开展各类研修活动，如讲座、研讨会、观摩课等，提供教师专业发展的机会。

7.评估和反馈

定期对研修活动进行评估和反馈，了解教师对研修活动的满意度和效果，及时调整和改进研修计划。

8.分享经验

鼓励小组成员分享研修经验和教学心得，促进教师之间的交流和合作。

9.持续发展

主题研修小组是一个持续发展的研修主体，根据整体研修计划不断更新研修内容和形式，适应教育教学改革的需要。

通过建设校本研修小组，可以有效提升教师的专业能力和教学水平，促进学校的教育教学改革和发展。

二、建立体系化研修模式

（一）"6+N"主题研修模式

通过对项目式学习设计与实施的关键问题进行系统介绍与深度研讨，加强教师对项目式学习的认识与理解，提升教师常态化设计并实施项目式教学的能力。研修聚焦项目式学习六大关键主题，建立"6+N"主题研修模式（图4-7），从如何设计驱动性问题、如何基于驱动性问题设计项目任务，如何培养学生的高阶思维、项目化学习中的学习支架、项目化学习的组织策略、项目化学习评价表的设计与应用，从六大主题出发，构建问题设计、目标设计、任务设计、评价设计、作业设计、命题设计6个主题研修任务，根据项目自行确定1～3个自选研修任务，实现"6+N"的研修模式，开展学、研、讲、行、思、促六维一体的综合性培训，设计了慕课学习、案例撰写、同伴互评、团队实践、专家对话、头脑风暴等"沉浸式研修"内容，从拓展项目化知识、训练项目化思维、实践项目化能力等方面激发教师研修的内驱力，提高其学习的效率。

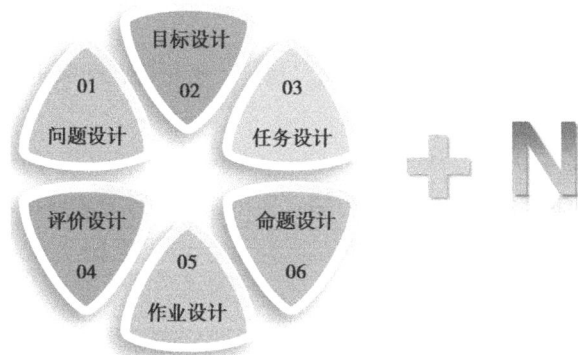

图 4-7　"6+N"主题研修模式

（二）四环节研修流程

研修从主体、客体、共同体、规则、工具、分工六要素出发，促使研修共同体经历"聚合问题→确立主题→关联学科→设计方案→迭代改进→评价反思"这样一个螺旋式教研发展过程。在这之中建构一个全面且互动的教师专业发展框架，旨在提高教师的教学技能和专业知识。教师研修主要环节如图 4-8 所示。

图 4-8　教师研修主要环节

1. 研修四环节

（1）小组破冰

目的：破冰活动旨在帮助教师们在正式开始之前打破陌生感，建立联系，创造一个开放和支持的学习环境。

活动形式：可以采用自我介绍、团队建设游戏、快速问答等形式，让教师们在轻松的氛围中初步了解彼此。

（2）项目化学习要素解析

内容讲解：此环节通常由专家或资深教育者主导，对项目化学习的理论基础、教学策略和最佳实践进行详细讲解。

互动讨论：教师们相互讨论和询问有关项目化学习的具体问题，例如，如何在自己的课堂中实施？如何解决可能遇到的挑战？

（3）项目设计要素体验活动

实践操作：在这一环节中，教师们将参与模拟项目中，亲自体验项目化学习的设计过程，包括如何设定项目目标、选择和整合资源、评估学生的学习成果等。

小组合作：教师们通常被分成小组，每组负责设计和执行一个小型教学项目，这不仅增强了团队合作能力，还提供了实际操作的经验。

（4）展示交流

成果展示：各小组将展示他们的项目设计，分享在项目过程中获得的经验、创新点以及遇到的挑战和解决方案。

反馈评价：其他参与者和专家将对展示的项目进行评价和反馈，这种互动的交流有助于教师们从他人的实践中学习并反思自己的教学方法。

2.研修实践范式

在研修过程中，聚焦教师教学实践需求，以教师研修智慧解决真实问题，让研修更具个性化，更具操作性，更具实践价值。小组研修范例见表4-2。

表4-2 小组研修范例

《"春节"文化、民俗项目式学习活动设计》小组研修 （"综合＋数学"学科研修小组）	
小组破冰	"最强大脑——你的名字我来记"：通过该破冰游戏，小组成员快速了解彼此名字，熟悉彼此
项目化要素解析	如何在项目式学习活动中整合教材资源
项目要素设计 体验活动	
展示交流	展示：小组展示该项目活动设计，同时阐释教材内容在任务环节中的应用； 点评：小组自评、其他小组点评、专家点评

（三）主题研修案例

在研修的过程中，通过建立全面、深入、互动和反思的教师专业发展环境，聚焦如何选择基于课标的主题、怎样明确基于素养导向的目标、如何设计驱动性问题、怎样开展设计成果的公开汇报、如何在高阶思维的推动下完善项目任务系统、怎样匹配完善项目的表现性评价方案这六大主题板块，力求获取新知、富集智慧、萌发创意、优化行为。教师研修主题如图4-9所示。

图 4-9　教师研修主题

1.主题研修的主要环节

确定主题研修目标：在主题研修的大背景下，每次案例研修，聚焦不同的研修目标，为项目式学习的完整设计、实践打下基础。

完成主题研修案例解析：基于研修目标的确立，选择研修的案例，聚焦研修主题，分析案例中该部分的解决方案。

提炼主题研修实践策略：结合案例解析，提炼出该研修主题的实践策略。

完善实践创新：利用主题策略，在项目式学习的实践中，创新应用。

2.主题研修的实践列举（表 4-3、表 4-4）

表 4-3　主题研修实例 1

"如何设计驱动性问题"主题研修	
研修目标	①了解什么是"项目式学习的驱动性问题"。 ②能针对不同的项目式学习，设计驱动性问题
案例解析	①"驱动性问题"主题案例。 如何设计一次对同学特别感兴趣、包含古诗词的班级猜灯谜活动？ 如何利用短视频讲述一首自己喜欢的古诗？ 如何利用智慧技术来改造校园生态水池？ 如何设计一款驱赶"神器"，更好地保护葡萄，友善地驱赶鸟类？ ②什么是驱动性问题？驱动性问题是基于教学目标，有真实情境，有意义的问题。 ③驱动性问题的来源。源于教师特长的驱动性问题、源于社会问题的驱动性问题、源于学校课程的驱动性问题、源于社会问题的驱动性问题。 ④驱动性问题的特点。情境性、挑战性、开放性
策略提炼	

续表

	"如何设计驱动性问题"主题研修
实践创新	驱动性问题设计: 如何预防近视? ⟹ 如何为班级同学设计一款预防近视的神器? 可控因素:坐姿、饮食、 电子产品、光线、运动 项目、场地等 项目分组 邀请同学参与 不可控因素:遗传 思考改变方法 试验,录入 找出问题关键 数据,反馈总结 学生主要活动空间: 家、学校、小区 运动器材类 时间:8:00—17:30 坐姿矫正类 20:00—7:30 食谱设计类 调查近视 光线改变类 的因素 饮食习惯、 兴趣爱好 查阅资料 分析总结 问卷访谈 如何防范 产品设计 试验反馈

表4-4 主题研修实例2

	"怎样明确基于素养导向的目标"主题研修
研修目标	了解在项目式学习设计中如何明确基于素养导向的教学目标。 能在项目式学习中制订恰当的学习目标
案例解析	①什么是教学目标? 教学目标是学生完成某项学习任务后应达到的质量标准(即预期的学习结果),由"知识"和"认知过程"组成,指向学习后学生在知识、技能、认识、情感等方面的变化。 ②根据什么来制订教学目标? 课标:哪个是核心素养? 哪个领域? 该不该学? 学到什么程度? 教材:学习的基本线索、所处的位置、纵横关联、学习重点是什么? 学情:可不可学? 学习难点在哪里? 师情:对学习内容的理解程度、学科的眼光、性格、风格如何?
策略提炼	行为主体 谁学? 行为条件 怎么学? (重点考虑、落实素养的手段) 行为动词 学到什么程度? 了解水平:描述、识别、说出、举例…… 理解和掌握水平:举例说明、概述、区别、解释、解决…… 行为客体 学什么? 应用水平:分析、设计、应用、评价、总结、研究……
实践创新	神奇万花筒 ·观察体验 探究万花筒镜子角度 ·大胆猜想 与图案成像的关系 实践探究一 创意物化 课前热身 实践探究二 探究万花筒镜子数量 ·图案选材:点—线—面 与图案数量的关系 ·设计制作:主题确定— 创意组装—寓意表达 教学目标: 通过探究万花筒镜子数量及角度与图案形成的关系,开展跨学科实践学习,体验万花筒的神奇,激发学习兴趣与探究欲。 在学生逐步深入探究与实践中,感知解决问题的大胆猜想、实践探究、创意物化的一般过程与方法,促进学生实践创新能力的提升。 创意制作万花筒,体会万花筒赋予的生命、希望、美化等寓意,提升学生创新实践、审美体验的能力

三、创新研修工具箱

随着新课程的发展和推进，新的教育理念和方式层出不穷，我们如何对这些优秀的学习理念和方式进行统整，实现对"综合 +"项目式学习的一体化呢？开发教学设计支架，提升教师实施"综合 +"项目式学习的能力势在必行。为此，项目组开发了"综合 +"项目式学习单元主题项目学习计划、"综合 +"项目式课时学习计划等工具，高效地促进教师开展整体性"综合 +"项目式学习设计能力的提升。

(一)单元项目学习计划量表

单元项目学习计划涵盖学习目标确定、情境创设、任务图解、课程整合、环节任务五个方面，实现项目单元设计的结构化、一体化，见表 4-5。

表 4-5 单元主题项目学习计划

(一个项目的整体规划)

项目大主题			项目类别	(学科项目/跨学科项目/活动项目)
课时计划		年级	设计者	
项目总目标	(学科)大概念/核心知识：			
创设大情境				
任务图解	(解析本项目各课或各任务活动之间的关联)			
课程整合 (基于课标)	(表格或图式表达)			
环节任务	课时	目标指向 (需对学科素养进行细化)	学习活动(内容)	评价设计
任务一：				
任务二：				
任务三：				

1. 项目总目标

项目目标是项目学习的指引与实现。它旨在促进从知识到能力和素养的转变，需要关注学科核心知识的应用、迁移与发展。在聚焦学科素养发展的同时，培养可迁移的技能、高阶思维能力、关键品格等综合素养。以"果蔬电池"项目学习为例，在关注学科核心知识的同时，发现问题，分析原因，规划设计连接方式，开展合作交流，也是学习的目标。由此，项目学习目标的确定，学科大概念 / 核心知识，以及学习综合素养的提升，都将同时被关注，如图 4-10 所示。

项目总目标	（学科）大概念/核心知识： 　　电是生活中不可缺少的一种能源，它可以在特定的物质中流动。学会简单的串联和并联电路
	（1）通过尝试制作果蔬电池点亮一盏灯，学生发现问题，并学会分析原因和解决问题；
	（2）通过画果蔬电池点亮多盏灯设计图，初步具有规划设计连接方式的能力；
	（3）在探究果蔬电池点亮多盏灯活动中，学会小组合作并交流解决问题的能力

图 4-10 "果蔬电池"项目学习总目标示意图

2. 创设大情境

项目学习需要在真实情境中引发问题、持续学习，促进核心知识、综合素养在情境中的体验应用。如项目学习"景区预约　我助力"（图 4-11），关注景区科学防疫与旅游体验提升的真实情境，让探究更有意义、学习更有实效、课堂更加鲜活。

创设大情境	元旦节要到了，重庆这一座网红城市吸引了许多外地游客，洪崖洞尤为如此。但在疫情防控背景下，如何完善景区预约，实现科学防疫、精准引导？如何优化旅游体验，避免"排队两小时　打卡两分钟"？今天，我们一起开展"景区预约　我助力"的项目学习活动吧！

图 4-11 "景区预约　我助力"项目学习情境创设示意图

3. 任务图解

解析项目各课或各任务活动之间的关联。围绕项目主题设置相互关联的任务群及活动，并用图解的方式进行可视化的呈现，为学生学习提供认知地图。如"家乡的美食"项目学习（图 4-12），设置家乡美食"我探究、我制作、我代言"三大任务，引导学生进行深度学习与探究。

（解析本项目各课或各任务活动之间的关联）

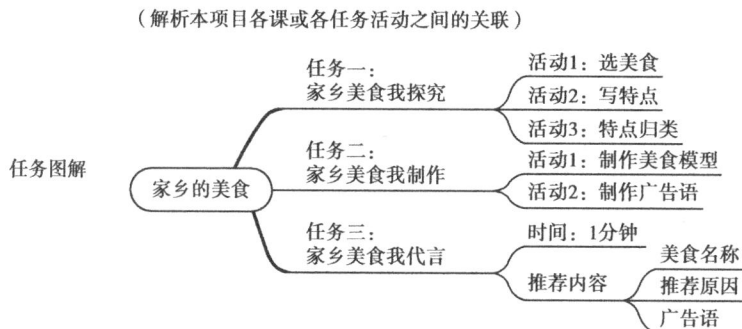

图 4-12　"家乡的美食"项目学习情境创设示意图

4.课程整合

课程整合，是促进项目综合学习的关键。但它并非杂糅与拼盘。首先，基于课程标准的设计，实现课程整合的适切性与科学性。其次，项目学习中问题的解决，必然与综合多学科的知识与技能相关联，从而实现基于问题解决的课程整合。在"自制乐器"项目学习中（图 4-13），如何制作能吹得响、发音准的排箫？音乐的知识与技能必不可少！但如何制作？需要学习声音的传播、探究排箫每一单管的长度与间距、开展工程设计与制作，音乐、科学、数学、工程的学习就在问题的解决中自然融合，推进学生的综合学习与实践。

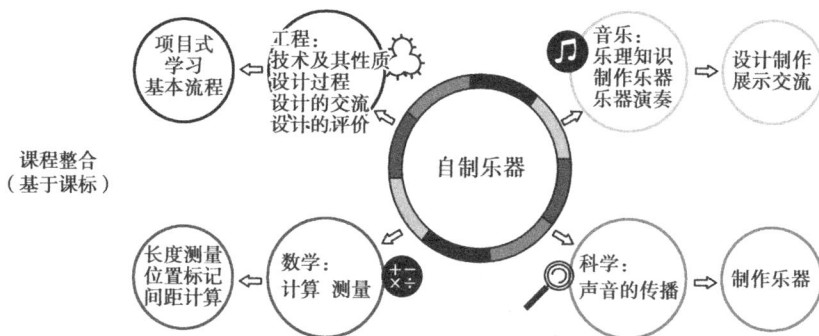

图 4-13　"自制乐器"项目学习跨学科核心素养示意图

5.环节任务

环节与任务需要将学习目标转化为学习实践。通过任务设置，促使学习目标在各环节中不断细化落实。环节任务的设计，需要规划整个项目单元的主要内容及进度安排。在具体实施的策略上，关注目标—教学—评价的一致性，将评价任务嵌入学习过程中，让项目学习活动可教、可学、可评。目标任务环节见表 4-6。

表4-6 目标任务环节

环节任务	课时	目标指向 (需对学科素养进行细化)	学习活动(内容)	评价设计
任务一: 重庆美食我探究	1	了解家乡美食,并通过思维导图的方式从不同角度梳理每一类美食的特点	通过……,探究我最喜欢的重庆美食在味道、食材、文化等方面的特点	能说出2~3种重庆菜肴的特征,并说出原因
任务二: 重庆美食我制作	2	用彩泥制作美食,体现美食造型和特点,提升实践动手能力	①通过教师示例火锅彩泥造型,引导学生通过观察美食的造型和色彩。 ②通过教师示例火锅广告语,引导学生结合语文知识编写广告语。 ③小组合作	小组合作,在15分钟内用彩泥完成一道造型丰富、色彩明艳、特色分明的菜肴
任务三: 重庆美食我代言	1	①能根据一定的逻辑顺序,说清美食的名称、特点、广告语。 ②基于"凸显特色、形象生动、为家乡代言"3个标准对作品及广告语评一评	①教师通过导学单示例学生如何代言。 ②小组合作。 ③学生围绕评价标准进行互评	在1分钟内,与同学分享自己为美食制作的广告词1~2条,并说明理由

(二)项目课时学习计划量表

单元统整下的项目学习课时设计也包括学习目标、教学流程、板书及作业设计、课后反思5个部分,见表4-7。

表4-7 项目课时学习计划

(一个课时教案)

课题名称:					
课时/模块总课时			年级		
一、学习目标	学习目标				素养指向
二、教学流程/活动设计	主要环节	学习活动			目标指向/评价任务
三、板书设计					
四、作业设计					
五、课后反思					

1.课时学习目标

与项目总体目标关联一致，并分解细化，具备明晰的素养指向。

2.教学流程

教师设计指向核心素养的学习活动、优化学习方式、配置学习资源，开展学生学习的流程设计。新课标的修订后，我们的教学需要从原来单纯的知识逻辑向知识与生活逻辑并重转变。如何实现呢？课堂重构！首先从教学环节的设计上改变。传统的教学设计：回顾—引入—新授—巩固—检测，主要以知识的学习掌握为重心。

重构的课堂，需要更多地关注在真实情境下问题的解决/任务的完成。首先，在情境创设中提出问题；其次，通过调查访问、观察实验、设计制作、探究体验等多种学习方式解决问题、完成挑战任务；最后，展示交流，促进项目学习的内化与外显。以项目学习"改造书店计划"为例，如何充分利用并创意开展书店改造选址、实施用户需求调研、开展方案设计，并通过展示交流进行方案完善优化？由此，教学环节设计基于"书店改造"的现实任务，主要实施5个流程，实现提出问题—完成任务—交流提升全过程的学习体验，体现出以问题解决为主的教学设计逻辑。当然，学习流程的设计，在遵循项目学习基本特征的基础上，根据项目主题及内容，可以有多种设计方式，体现出项目学习方式的综合性、多元性。

3.板书设计

以简练的文字、符号、图示、表格等简明地展示课堂教学结构，学习重难点内容、重要学习过程以及思考方法。

4.作业设计

从教到学再到考试评价的一体化设计，在"双减"背景下，尤其具有现实意义。如何让项目学习作业更具有综合性、开放性、实践性？作业的内容与方式、资源支撑、学习支架的引领等方面，都需要不断地探索深化。

5.课后反思

实践与反思，应用支架，但又不唯支架，重在引导教师开展整体性的项目学习设计，倡导教师在学习体验的基础上不断完善创新，以更好地达成项目学习的教学愿景：素养化的教学目标、情境化的学习体验、个性化的学习方式、多样化的学习资源、多元化的学习评价。

第三节 "综合+"项目式课程实施策略

一、"综合+"项目式课程的组织领导

课程组织领导是在学校情境下课程领导者影响教师参与课程发展的历程，被视为学校课程发展与学校变革的"同心轴"。这一过程可以促进教师参与课程发展，提高教师参与变革的能力，从而达到促进学校课程发展和使学生更有效地学习的目的。在学校变革的过程中，课程组织领导被天然地赋予了"校本"的属性，其指向学校长期的可持续发展，以保障变革的连贯性。同时，课程组织领导者具有明显的团队化特征，在其背后需要一个具有协同精神的共同体的支撑。研究表明，领导是一个多样化的角色，课程领导在不同阶段扮演不同角色。在学校变革的不同阶段，课程领导依据变革的需要以及特点，不断尝试新的角色。通过有效的领导策略，实现其不断引领、促动变革的内在价值。

"综合+"项目式课程体系的构建，历经四个核心发展阶段。每一阶段皆彰显出独特特点及转型需求，勾勒出课程领导力发展的动态轨迹。这一过程深刻揭示了课程组织领导力在实践进程中的生动面貌与真实表现，全方位体现了其与时俱进的演变逻辑与策略优化。

(一)启动阶段：改革家与发起者

变革的启动过程是为了变革的推广与实施所采取的动员方式和计划过程。变革启动阶段所面临的主要领导困境，是在进行革新之前就征求大多数人的同意还是一开始就自行决定。如果领导炮制的愿景仅仅是纸上的东西，但绝大多数人都不理解，而领导未能为自己的观点辩护或坚持，仅采取肤浅的谈论而不是有根据的咨询和行动，这一愿景并不会得到发展。

学校在"综合+"项目式课程开发的过程中也不可避免地会遇到这样的问题：创新性的观念（外来的思想）与学校现有的文化、习惯产生碰撞，进而产生抵制与消解，学校教师不愿意理会或者不想理会关于变革的事宜，部分教师犹豫不决或存在困惑，只有很少的教师能够接受并愿意追随。面对此种情况，领导者应凭借自身的学术智慧与专业特长，不断地在教师群体中发展校本课程开发的基本理念，用改革家的勇气与决心，承担起变革发起者角色的责任。

1."唤醒"——引起变革共鸣

教师课程改革意识的唤醒一方面有赖于课程改革方案与构想的清晰程度及合理性，另一方面要靠校长在全校范围内进行整体性、全方位的培训。"综合+"项目式课程开发之初，领导者意识到仅仅一次的培训并不能够唤醒全体教师参与课程改革的意识与热情。为此，学校利用假期进行了为期一周的理论培训与学习，并为教师布置了关于"综合+"项目式

课程开发的专项作业。时至今日，一些教师回忆说，他们对于"综合 +"项目式课程开发的认识与理解正是从那个假期开始的。事实上，集中的理论培训与学习使广大教师经历了一次头脑的风暴与思想的涤荡，唤醒了教师最初的课程改革意识。但是，我们需要认识到任何一次课程变革都不是等待全体教师高涨热情的到来，而是在持续推进与"做"的过程中不断提升教师的理解与认同度，此时真正的"唤醒"才刚刚开始。

2. "卷入"——激起研究热情

建立核心的研究团队，有效地保障了"综合 +"项目式课程开发的顺利启动。经过一个阶段的集中培训与学习后，御峰小学将部分学科的骨干教师及联盟学校成员教师组建成研究团队，将重要的职责赋予这些支撑整个"综合 +"项目式课程开发的"关键人物"。他们在学科教学领域中具有一定的学术权威，能够起到引领、示范的作用。职责和权力的下放有助于他们意识到自身的责任，从而激发起他们参与研究和变革的极大热情。在"综合 +"项目式课程开发的启动阶段，这些被"卷入"的关键人物成为组织领导者们最初的同盟。

(二) 推行阶段：推动者与扶持者

"综合 +"项目式课程开发的推行阶段就是要有计划地把课程开发的实施方案在更大范围内进行推广，将实施方案与教师更广泛地联系起来，吸纳更多的教师参与"综合 +"项目式课程的开发，为后续的深入实施做组织、思想和资金的保障。学校的课程领导团队在这一阶段也逐渐扩大，从最初的校长或者学校的领导班子扩大为已经融入了"关键人物"的课程领导团队。课程组织领导内涵的丰富，决定了领导者角色由最初的改革家与发动者转变为校本课程开发的推动者与扶持者。

1. 权力下放，自主驱动

为了保障"综合 +"项目式课程开发的专业化水平，学校组建了各学科"综合 +"项目式课程开发的研究团队，赋权增能，实现了学科的自主发展。学科团队的建立标志着广大学科教师在同伴互助的基础上展开了课程研究与开发。同时，学科主任负责对本学科校本课程的开发，直接对校本课程开发领导小组负责，确定各学科"综合 +"项目式课程开发的思路与方案。学科研究团队的成立无形中更广泛地吸纳了一线教师，他们参与学校的"综合 +"项目式课程开发，形成了以学科课程委员会为核心的新一层级的课程领导，为广大教师直接参与变革提供了足够的基层组织保障。

2. 研培并举，多元沟通

"综合 +"项目式课程开发的相关信息要经过自上而下、由局部到整体的传递与共享。信息沟通的方式是多元的，包括文本上的，如学校下发的文件，同时也包括会议、沙龙、培训等多种形式。在"综合+"项目式课程开发推行阶段,学校一方面组织广大教师深入学习实施方案,另一方面主要依托学校的教研活动,将研讨与培训紧密地结合起来,将"综合+"项目式课程开发与自身的教育教学活动结合起来,使广大教师意识到"综合+"项目式课程开发与实际的教育教学具有极强的关联,打开"综合+"项目式课程开发的思路,推进教师的持续学习,为"综合+"项目式课程开发的全面实施提供思想上的保障。

3.资金扶持,适当激励

适当的激励能够唤起教师参与课程改革的积极性与信心。学校设立了教师科研基金,鼓励教师深入研究并提供资金保障,为教师参与"综合+"项目式课程开发创造良好的环境。获得专项基金支持的教师能够进一步引领、带动具有相同研究兴趣的教师共同参与"综合+"项目式课程开发,与此同时其又孕育了新型的研究团队,使更多的教师以多元的身份和形式参与课程变革,不断实现其作为课程领导者的价值。

(三)实施阶段:协调者与促进者

随着"综合+"项目式课程开发的深入实施,原有的课程实施机制与新课程之间的矛盾日益凸显。我们可以很清楚地看到所有项目成员经历的角色转变。最高一级的课程领导者更多地成为变革的协调者和促进者,而核心骨干教师更加自觉、理性地参与到校本课程开发的过程中来。让教师有能力、有动机、有条件在变革中参与研究与反思,已经成为课程领导在本阶段的使命。

1.转变制度,确保落实

随着"综合+"项目式课程开发的深入,学校发现原有的课程制度遇到了新的要求和挑战。比如,一些校本课程的实施需要相对集中的课时,为跨学科主题学习提供了空间;"综合+"项目式课程的定期研发与学校原有教学活动之间的关系如何处理;如何提高参与"综合+"项目式课程开发教师的研究质量等。这一系列问题都会引发学校课程制度、教研制度的变革。此时,领导者应适时大胆地引入学校课程制度变革,提高制度对于改革的适应度,从而将变革引向深入。

首先,学校应将课后服务课时与社团课时相结合,设立弹性课时制度。课时制度应该为课程内容的需要服务,传统的课时制度保障了学科教学的统一性,但忽视了学科的独特性以及不同课程形态的差异性,无法满足"综合+"项目式课程实施的需要,而弹性课时制度具有延时服务和社团课时的特性,能够满足不同课型的需要,能够为某些"综合+"项目式课程的整合实施提供相对集中且较长的课时,从而保障课程实施的有效性。

其次,学校应将教研制度转化为研修制度。传统的教研制度更多地指向常规教学的备课活动,并没有为广大教师提供针对某些问题的专门研讨时间,而且多数是以集体讨论的固定形式进行,缺乏教师的内省与反思。为此,学校将传统的备课制度与教师专业发展制度结合起来, 规定了每月一次的 "综合 +" 项目式课程专业研修发展日, 开展了一系列的 "综合 +" 项目式研究活动, 也为教师的个人反思预留了时间与空间, 真正实现了教师的内外兼修。

2. 跟进督导, 提高质量

在实施阶段, 更为现实的问题是如何确保 "综合 +" 项目式课程的开发在各学科范围内均衡发展。每位教师对项目式学习原有的认识基础不同, 教师在参与 "综合 +" 项目式课程开发的过程中, 其研究的深入程度与课程开发的质量也存在差异。对于每一个开发 "综合 +" 项目式课程的学科或者教师来说, 他们更需要的是来自实践方面的指导。为此, 由南岸区教师进修学院专家牵头, 学校专门成立了 "综合 +" 项目式课程开发督导委员会, 定期参与 "综合 +" 项目式课程开发的研讨, 并给予教师及时的指导和帮助, 督促各 "综合 +" 项目式课程开发活动的深入展开。

在变革的实施阶段, "综合 +" 项目式课程开发的深入推进遇到了来自制度上的阻力, 同时也遇到了来自研究团队自身的压力, 而问题的解决与缓解, 需要有制度等组织建设上的有力措施, 这些进一步彰显了课程组织领导推进变革的决心与执行力。

(四) 成果阶段: 评价者与推广者

评价一直是课程改革过程中的重要环节。课程组织领导在评价阶段, 一方面要全面总结, 整体评价; 另一方面要积极推广学校课程改革的成果, 成为学校课程改革的评价者与推广者。

1. 关注多元视角, 全面评价 "综合 +" 项目式课程开发的成果

全面、客观地审视 "综合 +" 项目式课程开发的成果, 需要借助一定的评价方法, 动态地把握学科校本课程开发的整个过程。学校对于 "综合 +" 项目式课程开发的成果评价始终坚持学生发展评价与教师发展评价相结合的原则。一方面, 通过观察、测量来评价 "综合 +" 项目式课程作用于学习者身上所产生的实际效果; 另一方面, 通过访谈、问卷调查等方式评价教师在参与 "综合 +" 项目式课程开发过程中的发展和成长。同时, 领导者也将校本课程开发过程性评价与成果性评价有机结合起来。各学科课程开发委员会建立了本学科课程研修主题库、学习资源库、教学工具库以及实践案例库。学校鼓励各学科开发具有特色的 "综合 +" 项目式案例, 将优秀案例汇编成集, 从而提高学校研究成果的水平与档次。

2. 搭建交流平台, 积极推广 "综合 +" 项目式研究成果

高质量的成果代表着学校和学科较高的课程开发水平和研究能力。因此, 在 "综合 +" 项目式课程开发研究成果总结与推广的过程中, 应遵循实效性强、具有可操作价值和成本

低的原则。学校确定了研究发表制度，每年定期召开学校的学术年会，为研究成果搭建平台，使教师能够分享在实践中生成的经验与智慧，提高教师"综合+"项目式课程开发的精品意识，提升学校整体的科研能力与水平。

"综合+"项目式课程开发的实践历程告诉我们，学校的变革成果与变革过程同样重要。学校在变革的历程中，要善于总结、提炼高品质的学术研究成果，提升学校科研与课程变革的实际效率，通过成果的继承与发扬，进一步传承学校变革的精神与旨趣，从而实现变革的可持续性。而课程组织领导者要为课程变革的评价提供导向，为成果的分享与推广提供支持与帮助。

通过御峰小学"综合+"项目式开发的全过程，我们可以发现：学校的课程领导在内部结构上呈现出了多层级化的发展态势，即除了项目领导者以及随着课程开发深入推进所涌现出的学科骨干教师，还形成了多元力量的课程领导群体，从整体上提高了课程领导的能力。内涵的扩展决定了课程领导在校本课程开发的四个阶段所经历的角色转化，以及因此而表现出的不同的领导策略，其核心在于不断通过权力下放与监管指导相结合，为教师广泛、持久地参与学校课程变革提供思想、资金和组织上的保障，从而推动课程制度的重建，使课程变革持续、全面引领学校的发展。

二、"综合+"项目式课程的运行机制

随着基础教育课程改革的全面开展，传统的教育管理模式与新课程实施的矛盾逐渐凸显。面对新课程改革对教学管理提出的新要求，在"综合+"项目式课程实践过程中，我们应努力探索教学管理规程的重建，构建与新课程相适应的运行机制，以此提高课程管理能力，深化课程改革。

（一）创新教学管理体制

"综合+"项目式课程的开展本着由单一的科层行政组织转向科层行政组织与扁平化学术组织有机结合的原则，在原有行政管理组织的基础上进行了调整和重组，组建了课程管理组织机构。

御峰小学成立了课程开发与管理委员会，建立了三个课程管理系统，即教学管理系统、校本特色管理系统和服务保障系统。同时，成立了学生发展中心，充分体现了将促进学生发展作为新课程实施的出发点和落脚点，以及以学生发展为本的理念。课程管理组织机构的设立使"综合+"项目式课程管理职能开始由行政管理转向课程管理，初步实现了由行政管理向课程管理的转变。

我们依据"综合+"项目式课程需要重新定位新组建的管理部门的职能，突出强化其指导职能和服务职能。课程开发与管理委员会以校领雁工程负责人即御峰小学校长为第一责任人，全面负责"综合+"项目式课程开发及实施。其职能主要是领导和组织"综合+"

项目式课程的研发，对"综合 +"项目式课程的实施做出正确的决策和部署。教学管理系统以区域进修学院专家为主管，成员有联盟校骨干教师、"综合 + 学科"组长、"综合 + 跨学科"组长和"综合 + 活动"组长。其职能主要是根据课程开发管理委员会的意见，开展与新课程相应的实践研究，制定《"综合 +"项目式课程设置方案（试行）》，建立既符合国家要求又具有学校特点的课程体系。执行国家课程标准，编制"综合 +"项目式课程开设计划，对"综合 +"项目式课程实施进行过程监控和评价等。

校本特色管理系统以课程与教学研究中心为主体，成员有学科组长。其职能主要是依据教育部颁发的学科课程标准进行教学指导，修订并落实教学常规实施细则，完善并实施与"综合 +"项目式课程相适应的课堂教学评价方案，制订学分认定及模块考核方案等。在广泛调查的基础上，研究更多元化的项目式主题，形成个性化的修习计划和促进学生的个性发展服务，完成项目式实施环节的指导等。充分挖掘学校和地方课程资源，逐步建立以校为本、学校与社会、学校与学校联合开发的课程机制、校本培训机制。

服务保障系统应建立课程实施中所需信息交互平台，为新课程实施中课程设置、课程管理、学生选课及学分认定等信息交互提供技术服务。加强教师运用信息技术能力的培训，为教育教学提供优质的服务等。

（二）创新教学管理机制

1.课程管理机制

"综合 +"项目式课程基于国家、地方和学校三级课程体系，学校课程管理已成为国家基础教育三级课程管理体系中的一个重要组成部分。学校要根据上级教育行政部门有关基础教育课程的政策规定，结合本校的实际情况，为实现基础教育培养目标，对国家课程、地方课程和校本课程进行安排、实施、开发、设计和评价。一方面，"综合 +"项目式课程的生成要以学校的办学宗旨为依据，要为学校办出特色服务；另一方面，它还要以本校学生身心发展的特别需要为依据，即为满足本校学生在国家课程和地方课程中未能得到满足的种种合理需要而设置。要对学校里学生的需求、教师的现状和社区的条件进行深入的调查，并把调查结果作为"综合 +"项目式课程开发的重要依据。同时，要把整个开发过程视为一种科学研究过程，以提高校本课程开发的有效性和科学性。

2.教学评价机制

教师是"综合 +"项目式课程的实施者，在新课程背景下，对教师进行教学评价，要充分发挥评价的激励和引导功能。为此，在考评内容和标准的制定上，要反映教师创造性劳动的性质和角色转换的要求以及教学改革的方向，要把教师的教学研究、教改实验、创造性教学以及师生关系引入考评的内容。在评价方式上，我们建立了教师自评、教师互评和领导评价相结合的评价制度体系，实现评价的全面性和客观性，同时使教师多方面获得信息，便于教师最大限度地接受评价结果，继而调动教师提高教学工作的积极性和主动性。

一是教师自评。教师自评是一个自我反思、自我教育的过程。教师自评的方式包括每个项目结束教师依据评价表进行自我评价，以此帮助教师自觉地反思教育教学行为；每月末组织教师进行教育教学反思诊断，并以诊断会的形式，充分交流、查找问题、制订措施，达到全员全方位自我评价的目的。二是教师互评。实施"综合 +"项目式教学质量评价，以三个研究小组为单位进行互评，基本评价方式就是利用学术研修和评课活动实施课堂效果评价。在项目组每月一次的研修会议中，每位项目成员根据项目研究评价标准和项目实施评价标准进行评价，提出改进意见。三是领导评价。学校成立教师评价领导小组，以项目开展情况为主要依据每学期对教师实施评价。

3. 教学研修机制

我们以建设学习型组织为宗旨，完善"综合 +"项目式课程研修制度，促进教师专业化发展。由校长主抓，建立和健全项目组的组织与制度。"综合 +"项目式课程研发与实施作为常规教学管理的重要内容之一，被列入学校日常工作计划并加以落实。把参加"综合 +"项目式研修工作作为教师工作的主要内容，为教师专业化发展提供有力支持。"综合 +"项目式研修形式主要有以下几点。

一是每个项目成员开发 1 节"综合 +"项目式研究案例课。成员轮流实施分享案例，广大教师积极参与学习，各部门领导深入课堂参与项目活动，项目结束后由领导和教师充分评价，并及时反馈意见，使"综合 +"项目式研究活动成为教师的日常行为。二是以"综合 +"项目式研究小组为单位开展固定时间的研修活动。每月召开半天或者一天的成员集中会议，在研究"综合 +"项目式课程各事项的同时，走出去学习更多优秀学校的先进案例，并将我们的研修成果加以推广。三是统一安排项目组每位成员进行专题研究分享。成员针对"综合 +"项目式几大核心主题，如驱动问题设计、目标设计等进行专项研究，并将自己的研修成果与大家进行分享，征求大家的意见，最终形成主题微课，编入项目组研修主题库中。四是通过专家讲座、教研员学科基地校等形式，加强与专家、教研员的沟通，借助外力提高教研活动的理论水平，实现专业引领。五是通过学术论坛，加强同伴间的交流、互助。每年 12 月，我们有固定的学术论坛活动，包括项目组长论坛、骨干教师论坛和专家论坛等，使"综合 +"项目式课程研修的形式更加多样、内容更加丰富，以提高研究的质量，促进了教师专业化发展。六是通过组织教师撰写"综合 +"项目式系列专著，引领教师自我反思、自我设计。"综合 +"项目式课程系列专著包括教师个人学习研修内容、课题研究情况、撰写教育教学后记、进行案例分析以及研究成果总结等，强化教师专业化发展的主动性和主体性。对"综合 +"项目式课程研究工作，我们加强组织、检查和监督，并指定专人具体负责，建立教师"综合 +"项目式课程研修活动档案等，保证了"综合 +"项目式课程各项制度的落实。

4.项目质量监控机制

我们建立了项目质量监控体系，保证项目实施质量稳步提高。其主要措施包括，依托课程与教学研究中心，全面负责学生综合素质评价。制订并落实与"综合+"项目式学习成长记录相结合的综合素质评价方案和教学监控方法，指导各个部门及时客观地填写相关内容并进行评价。全面监控学生发展状况，管理学生成长记录的电子平台，建立学生发展状况预警机制，为各部门提供警示信息；分阶段将结果反馈给学生、家长和教师以及项目组，指导师生更合理地安排或调整项目计划。

教学是学校教育工作的核心，"综合+"项目式课程的全面推进需要相应的教学管理制度作为支撑和保障，改革学校的教学管理制度是"综合+"项目式课程改革的必然要求。在"综合+"项目式课程实施中，只有不断探索新的以课程为中心的管理模式，使学生成为课改最终的受益者，才不辜负时代赋予我们的神圣使命。

三、"综合+"项目式课程资源管理

"综合+"项目式课程资源管理是指对项目式课程所需的各种素材性质资源进行有效管理和利用的过程。这些素材性质资源包括教学资料、教学工具、实践场地等，对项目式课程的开展和学生的学习具有重要的作用。

首先，"综合+"项目式课程资源管理需要对素材性质资源进行分类和整理。根据项目的不同需求，将各类资源进行分类，如教学资料可分为教材、课件、参考书籍等；教学工具可分为实验器材、计算机软件等。通过分类和整理，可以更好地管理和利用这些资源，提高项目式课程的教学效果。

其次，"综合+"项目式课程资源管理需要注重资源的整合和创新。在项目式课程的开展过程中，往往需要协同使用多种资源，因此需要将各类资源进行整合，形成更加丰富和多样化的教学内容。同时，还需要不断创新，引入新的资源，以满足项目式课程的需求，提高学生的学习兴趣和参与度。

再次，"综合+"项目式课程资源管理需要建设资源库（表4-8）。资源库是指集中管理和存储各类素材性质资源的地方，可以是实体的资源库，也可以是虚拟的资源库。通过建设资源库，可以更好地管理和利用这些资源，方便教师和学生获取和使用，可以提高项目式课程的教学效率和质量。

最后，"综合+"项目式课程资源管理还需要考虑资源对区域的辐射。项目式课程的开展通常需要与社会各界进行合作，获取外部资源支持。因此，"综合+"项目式课程资源管理需要考虑资源对区域的辐射效应，通过与社会各界的合作，获取更多的资源支持，提高项目式课程的实施效果。例如，视频资源依托"书香南岸"公众号发布，可以让广大师生共享课程资源；各类场馆的物质和非物质资源，也可以引进社区等公共场所，让更多的居民和师生受益。

表4-8 "综合+"项目式课程资源库建设表

研修主题库	6:	问题设计: 情境、主题……	学习借鉴+本土化: ◇ 替换成自己的案例 ◇ 有自己的侧重观点 ◇ 形成研修微课: · 问题聚集 · 实践研究 · 策略方法
		目标设计: 学科素养、跨学科素养	
		任务设计: 学习情境—内容—方法—资源 一个项目组的任务群; 一个活动的任务链; 学科任务群……	
		评价设计: 借鉴学习	
		作业设计:	
		命题设计:	
	N:	根据项目研究自行确定1~3个	自创
实践案例库	课例	文本+视频	学习借鉴+自创
	作业		自创
	命题		
教学工具库		应用+优化	借用+自创
学习资源库		平台+网盘	借用+自创

综上所述,"综合+"项目式课程资源管理是一个综合性的工作,需要对素材性质资源进行分类和整理,注重资源的整合和创新,建设资源库,同时考虑资源对区域的辐射效应。通过有效的资源管理,可以提高项目式课程的教学效果和学生的学习体验。

第五章 "综合+"项目式课程评价及成效

第一节 "综合+"项目式课程的教师评价

项目式课程教学评价是指针对项目式课程的课程设计及课堂教学进行系统评价的过程。对项目式课程教学评价概念的理解需要注意以下两点：第一，项目式课程教学评价的目的之一是促进项目式教育教学质量的提升，教育教学评价的所有信息获取和价值判断只为目的服务，不以选拔或评判教师作为评价的取向。第二，项目式课程教学评价是一个过程，伴随整个项目式课程设计和教学活动，要注重多方面的评价要素。

一、项目式课程教师评价的目标指向

教学评价是依据一定目标，对教学活动中有关的对象及其行为进行价值判断的过程，因此，项目式教学评价首先需要明确评价目的。评价目的是进行项目式课程教学评价需要达成的要求，是确立评价指标的依据，有以下三个主要目的。

一是导向作用。项目式课程教学评价能够在一定程度上甄别和衡量项目式课程的教学质量，判断项目式教学在培养学生各方面能力素养，特别是创新、实践等能力培养上的价值，从而为一线教师、学校管理者等人员开展项目式教育教学实践和教学评价提供一定的参考。

二是诊断和改进作用。项目式课程教学评价能揭示教师在教学过程中存在的一些问题，鞭策教师时常进行自我反思，促使教师不断完善项目设计，促进教师项目的设计能力及教学水平的提高。

三是反馈与调节作用。通过师生之间、生生之间的评价反馈，教师可以针对不同小组的情况，适当调整个性化调节目标实现的程度及进程，促使学生在不同的水平上朝着目标努力，避免出现达到目标停滞不前、达不到目标而沮丧气馁的情况。此外，教师还能通过评价了解自己的优势和劣势，对自我的认知更加清晰，从而明确努力方向以及改进措施，实现自我调节。

项目式课程的核心是培养学生创新能力、实践能力和团队合作能力等关键素养，这对

教师的教学能力作出了一定的要求，因而需要对教师的项目式课程实施能力的界定和内涵进行讨论。

教学能力。"能力"在《辞海》中的释义为掌握和运用知识技能所需的个性心理特征，通常情况下分为一般能力和特殊能力。目前对教学能力的界定，学者们持有不同的观点。胡卫平[1]认为，教学能力是指教师在教学实践中形成的，基于一定的教学知识和教学技能，顺利完成教学活动任务和促进学生学科核心素养发展过程中表现出来的个性心理特征，包括教学设计能力、教学实施能力、教学反思能力、教学评价能力、课堂教学管理能力、信息技术与教学融合能力。刘凯歌[2]等学者认为，教学能力是教师应具备的一种能力或技能，通常将教学能力划分为教学设计、教学实施和教学评价三个维度。结合上述学者的观点，笔者认为教学能力是教师基于教学目标，在具体教学过程中形成并表现出来的一种综合能力。

项目式课程教学能力。结合上述对教学能力的分析以及对项目式课程相关文献的梳理，笔者认为项目式课程教学能力是以促进学生核心素养的生成和发展为目的，教师基于项目并结合一切可利用的教学资源，巧妙设计和实施项目式教育教学活动所体现出来的综合能力。

因此，笔者将项目式课程的教师过程性评价分为"教师项目式课程设计评价"及"教师项目式课程实施评价"两个板块来叙述。

二、教师项目式课程设计评价

对课程设计进行评价的直接目的是实现学生、课程、教师三方面的共同发展与提升。教师作为项目式课程设计的主体，可以通过评价量表的反馈，对课程设计进行调整和迭代，在今后的使用中不断完善。教师在这一循环过程中，自身的课程设计能力在设计、评价、反思、重新设计的过程中不断提升。而学生也是课程设计评价的受益者，评价促使课程得到及时的调整和优化，也使学生的各方面能力得到更好的提升。

(一) 项目式课程设计要素分析

项目式课程的基本框架包括项目名称、驱动问题、项目目标、学科整合、任务分解、项目成果、评价反思几个模块，因此项目式课程设计的评价围绕上述几个要素展开[3]。

项目选题：项目式课程设计中的选题是项目开始的第一步，一个好的选题可以激发学生学习的欲望。项目设计选题是否与国家课程内容相契合，是否是学生感兴趣的话题，是否具备一定的挑战性，是选题好与不好的评价标准。

[1] 胡卫平.教师教学能力评价初探[J].中国考试，2021(10):12-17.
[2] 刘凯歌，孙红保.中小学教师教学能力构成及测评研究[J].河南教育（教师教育），2022，545(4):43-44.
[3] 罗颖，桑国元，石玉娟.50个工具玩转项目式学习[M].北京：中国人民大学出版社，2023.

驱动问题：项目式课程的实施进程主要由问题来驱动。在课程设计阶段，需要厘清驱动项目前行的问题链，让学生在对问题的探究和解决中主动学习。因此，驱动性问题的好坏直接决定了项目是否能顺利实施。

目标导向：项目式课程的具体设计要以素养目标为导向，这里的素养目标既包括学科素养目标，也包括综合素养目标。

学科整合：项目式学习鼓励跨学科学习，但是跨学科不等同于多学科的无效叠加，而是将各个学科通过真实的驱动性问题串联起来，彼此融合。比如，在《我是云游校园小导游》的项目式课程中，通过"如何为居家的学生来一场校园云游导播？"这一驱动性问题，将数学、语文、科学、工程等学科自然地融合起来。

学生参与：项目式课程鼓励学生参与设计。比如，驱动性问题的选定；项目目标的制定，评价量表的设计等流程，真正让学生全程参与。

评价引领：项目式学习与传统教学方式的一个较大不同之处就在于评价引领和评价前置。我们需要提前设计各类评价量表并在入项活动时告知所有学生。因此，学生在项目开始就清楚项目的目标及评价的标准，明确自己努力的方向。

（二）项目式课程设计评价量表

项目式课程设计评价量表见表5-1。

表5-1 项目式课程设计评价量表

六要素	非常优秀/5分	优秀/4分	良好/3分	合格/2分	不合格/1分	得分/分
项目选题						
驱动问题						
目标导向						
学科整合						
学生参与						
评价引领						

该评价量表可以在项目正式开始实施之前，由该项目式课程团队教师、教研员或专家对教师的项目式课程设计进行评价及打分，教师通过评价反馈再对课程设计进行修改和完善。评价者除了打分，还可以在每一个项目下方的表格中进行具体的文字点评或提出改进建议。

教师也可以使用该评价量表进行自评，在打分后进行修改和完善，不断迭代和改进自己的课程设计方案。

（三）教师项目式课程实施评价

项目式课程仅有一个高质量的设计，未必能取得预期的效果。一个好的项目式课程，除了评价教师的课程设计，还需要对教师的教学实施情况进行评价，才能确保项目式课程的目标落地，学生才能在项目式课程的学习中真正得到发展。

1. 项目式课程实施要素分析

项目式课程的实施一般包括项目的启动、项目计划、项目实践、项目管理和项目总结等阶段。笔者在桑国元（2023）[1] 构建的项目式课程实施要素模型的基础上，结合本论著的项目式课程实际，提出项目式课程实施的六个要素，包括聚焦素养、建构文化、项目管理、搭建支架、学习评价和复盘反思。

聚焦素养：项目式课程的最终目标是落实立德树人根本任务，聚焦核心素养育人导向。而新课标也呈现出从关注知识技能转向关注核心素养的发展趋势。在新课标的背景下，教师在实施项目式课程时应重点关注是否聚焦核心素养（包括学科素养和跨学科素养）。

建构文化：项目式课程的课堂教学文化是一种"隐性课程"，主要体现在理念、制度和空间环境中，与之相对的三种文化建构策略包括：第一，教师向学生传递学校的"好种子"教育理念并适当赋权，如健康、智慧、创新的好种子文化、袁隆平精神以及智慧参与文化等。第二，教师引导学生共同制定项目式课程公约。通过参与公约制定，学生能感受到在学习管理中的发言权，从而提升主人翁意识。第三，教师与学生一起布置学习空间，如桌椅的摆放方式和获取网络资源的时空等，以便更好地支持协作学习的展开。

项目管理：一个完整的项目式课程的实施一般经历的时间较长，且涉及多方主体的协作，因此项目管理对项目实施而言是必不可少的。项目管理贯穿整个项目周期，包括时间管理、进程管理、团队管理、资源管理和成果管理等。为了保证学生的合作与项目进度，实现学习效果的最大化，教师需要在项目管理中基于项目情况和学生需求合理分组，明确任务分工；合理安排项目小组合作时间；使用项目管理小工具（如小组日历、团队公约、工作计划表等）支持学生的自我管理和协作学习；制定项目推进进程表和规定截止日期等。

搭建支架：项目式课程在实施过程中，教师需要为学生的"学"搭建"支架"，其作用在于减轻学生认知负荷，使学生能够通过同化和调整达成新知识的平衡，构建新的知识和经验体系，迈向更高阶的学习。随着项目的推进和迭代，当学生已具备自己获取成功的自信和能力时，教师就可以逐步移除支架，或者搭建更高级别的支架。有学者（张瑾，2017）[2] 基于功能视角，将支架分为情境型、策略型、资源型、交流型和评价型支架。

学习评价：项目式课程设计中也有"评价引领"，指的是"评价方案"的制订。而项目式课程实施评价关注的是评价方案是否落地、学生是否能及时得到评价和反馈、教师是否在合适的时机采取了合适的评价方法并及时记录、过程性评价是否能提高学习的质量，

[1] 桑国元，叶碧欣，黄嘉莉，等. 构建指向中国学生发展核心素养的项目式学习标准模型 [J]. 中国远程教育，2023，43(6):49-55.
[2] 张瑾. STEM+ 教育中学习支架设计研究 [J]. 现代教育技术，2017，27(10):100-105.

以及学生的增值性评价能否反映学习的效果等问题。如果教师在评价的帮助下做到了这些，评价工具就发挥了该有的价值。

　　复盘反思：在项目式课程的学习过程中师生都需要不断进行复盘和反思。项目式学习中的复盘贯穿于整个项目过程，而不是局限于项目结束时。教师可以根据发展阶段对相关步骤进行复盘和反思，如每日的学习复盘、每个项目任务结束后的阶段性复盘及项目完成后的全面复盘等。对学生而言，反思本身就是学习能力的一种体现，学生通过反思自己在项目式学习中的行为表现，再次内化基础知识，促进知识网络的系统整合。

　　2.项目式课程实施评价量表（表5-2）

表5-2　项目式课程实施评价量表

六要素	非常优秀/5分	优秀/4分	良好/3分	合格/2分	不合格/1分	得分/分
聚焦素养						
建构文化						
项目管理						
搭建支架						
学习评价						
复盘反思						

　　上述的项目式课程实施评价表一般用于项目完成后，由参与的教师，或者进行课堂观察的教研员、专家，对教师的教学实施情况进行评价及打分。目的是帮助教师反思和提高教学实施的质量。在评价课程实施时，评价者可以根据教师表现给出每项的具体分值及总分，也可以在打分的同时在表格下方给出文字评价的反馈。

　　教师也可以使用该评价量表进行自评，并在打分后进行修改和完善，不断迭代和提升自己的课程实施能力。

第二节　"综合＋"项目式课程的学生增值性评价

一、增值性评价的含义

　　《深化新时代教育评价改革总体方案》对基础教育改革提出了具体要求，如何进行项目式学习及相关评价设计就是其中之一。相比项目式学习的驱动问题、目标设计、任务设计和教学应用等，项目式学习的评价研究一直是该领域的热点问题，也是难点问题。

（一）增值性评价的含义

增值性评价是目前国际上最为前沿的教育评价方式，这种评价方式不以学生的考试成绩作为评价学生的唯一标准，而是引导学生多元发展。教育增值评价以学生学业成就为依据，追踪学生在一段时间内学业成就的变化，并将客观存在的不公平因素的影响分离开来，是考查学校对学生学业成就影响的净增值的评价。其公式是：增值 = 输出 − 输入。

项目式课程强调学生在既定的问题、任务中的主动探究学习，在完成项目作品的过程中包含着一系列的阶段和步骤，在每一个阶段中，都需要有评价参与，以保证学习任务顺利、高效地完成。然而基于项目式课程评价的本质与特征，也要求用不同于传统的评价方式、标准和内容来对学习者的整个参与学习的过程和结果进行评价。项目式课程更强调教育者关注学习小组内个体之间的差异，从而更加准确地对学生的学习行为和取得的进步进行评价。由此可见，项目式课程的评价本质上就要求评价体系必须关注项目式课程的学习行为所带来的增长，也就是"增值性评价"。它作为一种新兴的教育评价方法，可实现从关注少数学生的进步转变为关注每个学生的进步，将学生表现的最终水平转化为对学生绝对水平增值的比较，以保证评价更加公平、客观。

纵观国内研究，可以发现国内对于增值性的评价研究还集中在不同层次和类型教育的增值性评价的理论研究，缺少微观层面的课程、教师、学生等方面的做法介绍和经验总结。[1]

（二）增值性评价的特点

对学生进行增值性评价是一种体现全面性、公平性、发展性、科学性和学生个性的评价理念，是适应新时代新课程、注重"五育"并举并最终服务立德树人的评价方法体系。相比传统的评价，增值性评价具有如下显著特点[2]。

第一，实现了关注点的变化。传统评价会导致教育者过分关注对少数尖子生或学困生的培育，忽视了大多数学生的发展，有损教育公平，而增值性评价更关注学生的水平增长情况。

第二，保证了比较的公平性。增值性评价是将学生的当前水平和过去的水平进行比较，关注学生的水平增长，而不是学生的绝对水平，有利于激发一般水平学生和后进生学习的热情。

第三，具有潜在的诊断性功能。增值性评价要求教育者对学生进行追踪评价，能更详尽地识别学生的成败之处，更便于教师、家长诊断学生的问题，及时做出决策。

第四，能满足所有学生的需要。增值性评价的基本理念是，保证每个学生在学习周期内的增值幅度大致相同。这就要求教师不能只关注成绩好的学生，而要兼顾所有学生的发展和进步，满足学生的需要。

[1] 宓奇，蔡伟峰.项目式学习下TJA增值性评价模型的构建与实施[J].教学与管理，2022(4):75-79.
[2] 辛涛，张文静，李雪燕.增值性评价的回顾与前瞻[J].中国教育学刊，2009(4):40-43.

基于上述分析以及相关模型的理论背景、评价特点、内在要求，我们构建了项目式课程的"三级跳（TJA）增值性评价模型"。

二、增值性评价模型的构建

（一）评价模型的理论基础

三级跳评价（Triple Jump Assessment，TAJ）模型[1] 最早于20世纪70年代初在加拿大由麦克马斯特大学的一组医学生设计，他们在PBL项目中采用三级跳评价来评估医学生的临床推理能力和自主学习能力。从20世纪80年代开始，三级跳评价模型被广泛应用在不同的教育评价实践中。例如，被作为大学课程的期末评价方式；用于基于驱动性问题的学习任务的过程性评价，来评估学生对基于驱动性问题学习的能力增长情况。可以看出，三级跳评价模型与前面讨论的项目式课程评价和增值性评价具有内在的统一性，因此被认为是众多新型评价中最好的评价工具之一。

（二）评价模型的指导思想

2022年，《义务教育新课程标准（2022版）》发布，该课程标准倡导创新评价方式、方法，对深化教学改革和推进考试评价改革提出了明确要求。在教学中，要坚持以学习为中心，落实学生主体地位，在教学改革实践中积极探索基于情境、问题导向的互动式、启发式、探究式和体验式等教学方式，形成培育学生核心素养的科学有效的方法策略。在评价改革中，要恰当设计考试题目，突出立德树人导向，重点考查学生运用所学知识分析问题和解决问题的能力，增加综合性、开放性、应用性和探究性试题，发挥其对日常教学的诊断、改进作用；实施综合素质评价，强化对学生爱国情怀、遵纪守法、创新思维、体质达标、审美能力及劳动实践等方面的全面评价，牢固树立正确的学生发展观。这些都是三级跳增值性评价的指导思想。

（三）评价模型的构建原则

在评价模型具体构建时，需要遵循以下几个原则：

第一，适合项目式学习。区别于一般教学，项目式学习是基于真实的问题情境，由多个学习任务、学习活动构成，关注学生在学习活动中各项综合素质的提升，这种特征与三级跳评价既是评价又是学习的理念高度接近。

第二，关注评价的起点。增值性评价不同于传统评价，它以多次评价为基础，从而获取学生在不同时间节点的表现情况，构建每个学生自身发展的参考系，以体现学生个人在

[1] CHIAN M M，BRIDGES S M，LO E C M. The Triple Jump in Problem-Based Learning: Unpacking Principles and Practices in Designing Assessment for Curriculum Alignment[J]. Interdisciplinary Journal of Problem-Based Learning，2019，13(2)：5-8. DOI: 10.7771/154-5015.1813.

认知能力和非认知能力上的增幅。强调个体差异，弱化学生与学生、小组与小组以及项目与项目间的对比，关注学生的个体成长。三级跳评价模型正是获取学生在项目学习的几个关键节点的表现情况，与起点或前一次评价节点的差异。

第三，强调可操作性。三级跳评价模型是一种不断发展和完善的评价模型，可以适用于各个学段、各个学科的项目式学习及跨学科的项目式学习。教师可以根据评价模型的整体思想和评价体系的指标库，选择合适的方法、指标进行项目式学习评价。

第四，注重师生协作。增值性评价在实施中强调教师、学生、小组（团队）参与评价。因此，在项目式学习开始前或实施过程中，教师与教师之间，教师与学生之间，以及学生小组内部达成评价的共识，教师向学生解释评价的要点，可以邀请学生协作，一起参与评价指标的选取和评价量规的制定。

（四）评价模型的实施流程

三级跳增值性评价模型作为一个基于问题的学习任务的过程性评价，用于评估项目式学习中"真实情境、提出问题—设计方案、解决问题—成果展示、总结反思"的增值情况。该评价模型还形成了"前测—中测—后测"的评价逻辑闭环，用教师评价、小组互评、学生自评等不同评价组合进行同一维度的多次评价，实现增值效果（图 5-1、图 5-2）。

图 5-1　三级跳增值性评价流程

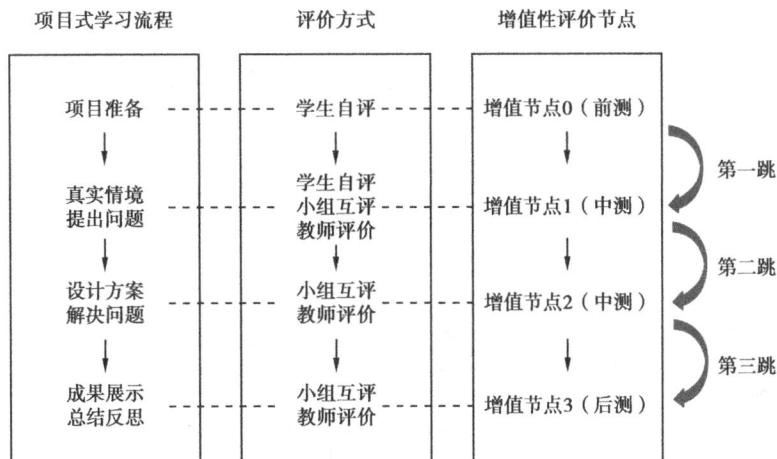

图 5-2　增值性评价模型

如图 5-2 所示，基于"三级跳"增值性评价模型，结合项目式学习的流程，共设计了四个评价的增值节点，分别为项目式开始前的前测（增值节点 0）、第一跳后的中测（增值节点 1）、第二跳后的中测（增值节点 2）和第三跳后的后测（增值节点 3）。对于"增值节点 0"的评价一般在项目启动时，教师先对项目的评价机制（评价指标、表现形式、等级等）进行介绍，并在小组学习开始前进行评价，评价的方式主要是学生本人对自身的初步评价。在"增值节点 1"和"增值节点 2"的评价则可由师生共同商议后选取合适的时间，采用学生自评、小组互评和教师评价等多种评价方式结合的形式进行评价。而"增值节点 3"一般在项目结束后的最后一课时，采用小组互评、教师评价的方式进行评价。

三、增值性评价指标的设定

（一）评价的主要内容

通过对目前项目式学习评价现状及国内外相关文献进行研究与分析后，我们将学生或者学习小组在项目式学习过程中以及完成后所呈现的"认知能力"和"非认知能力"作为评价内容。其中，认知能力的评价指标设计参考了加涅在其学习结果分类中提出的三种认知能力（言语信息、知识建构和认知策略），考虑到工程制作类项目式学习的特点加入了第四种能力——动作技能；非认知能力的评价指标设计参考了芝加哥大学联盟[1]和学术、社会和情感学习共同体[2]的研究成果，并根据项目式学习的实际进行了调整，重点关注了学生学业管理、学业毅力、合作技能和自我效能等方面的评价。

（二）评价的指标体系

评价的指标体系是在评价过程中，使用多个指标来进行综合评价的工具和方法，是评价目标的一种表述形式。指标体系的应用，会细化项目式学习评价的内容，打破传统评价中只关注学习者的平时成绩和期末成绩的这种终结性评价模式，转而更关注学习者学习过程中的各种行为表现，是全面、准确地对学习者学习进行的评价，也是提供帮助的有效工具。应用指标体系，能够有效提高项目式学习监控和评价的有效性，使教师和学生在完成教学目标的同时，关注学习过程中学生的行为表现，帮助学生提升各方面能力。

根据项目式课程增值性评价的需求，结合项目式学习的特征和目标，试图建构一个可操作的项目式课程增值性评价指标体系，以帮助学生提高项目式学习的质量。根据理论分析和调查研究及上文的评价内容，确定了项目式课程增值性评价的 2 个一级指标：认知能

[1] WANZER D，POSTLEWAITE E，ZARGARPOUR N.Relation-ships Among Noncognitive Factors and Academic Performance: Testing the University of Chicago Consortium on School Research Model. [J/OL].AERA Open. October 2019，5(4)：1-20.
[2] ROSS K M，TOLAN P. Social and Emotional Learning in Adolescence：Testing the CASEL Model in a Normative Sample[J].The Journal of Early Adolescence，2018，38(8)：1170-1199.

力（A1）和非认知能力（A2）。

一级指标"认知能力（A1）"包括4个二级指标：言语信息（B1）、知识建构（B2）、认知策略（B3）和动作技能（B4）。言语信息（B1）下设C1、C2、C3、C4四个三级指标，用于评价学生在项目学习过程中的展示和语言表达能力；知识建构（B2）下设置了四个三级指标C5、C6、C7、C8，用于评价学生在解决问题过程中的分析理解能力、思维和创新能力；认知策略（B3）下设四个三级指标C9、C10、C11、C12，主要用于评价学生解决问题及批判质疑的能力；动作技能（B4）下设四个三级指标C13、C14、C15、C16，主要用于评价学生运动技能及动手操作能力。

一级指标"非认知能力（A2）"包括4个二级指标：学业管理（B5）、学业毅力（B6）、合作技能（B7）和自我效能（B8）。学业管理（B5）下设C17、C18、C19、C20四个三级指标，用以评价学生的学业计划和在学习过程中自我管理的能力；学业毅力（B6）下设C21、C22、C23、C24四个三级指标，主要用于评价学生学习过程中敢于挑战、克服难题的能力；合作技能（B7）下设C25、C26、C27、C28四个三级指标，主要用于评价学生在小组学习中合作分工、团结协作的能力；自我效能（B8）下设C29、C30、C31、C32四个三级指标，主要用于评价学生学习中的自我认知、学习态度及学习中的自豪感和成就感。

经过上述研究之后，初步确立了项目式课程的增值性评价指标体系的框架，见表5-3。

表5-3 项目式课程增值性评价指标体系

一级指标	二级指标	三级指标
认知能力 （A1）	言语信息 （B1）	C1：能理解所探究项目的背景、问题、假设等
		C2：能清晰地表达个人观点，并在组内交流、完善观点
		C3：在项目学习过程中，能用流畅的语言进行展示介绍
		C4：能清楚、明确地呈现项目学习的结果（成果）
	知识建构 （B2）	C5：能筛选各种渠道获取的学习资料，比如教师、网络等
		C6：能明确解决各类问题的基本流程
		C7：能将项目中的问题和课内知识之间建立联系
		C8：能制订合理可行的项目计划
	认知策略 （B3）	C9：能依据共同协商的方式推进项目
		C10：能够在项目学习过程中主动发现问题，并想办法解决问题
		C11：能对研究的项目提出合理的质疑，并及时调整方案
		C12：能听取同伴、教师等对项目的建议并优化
	动作技能 （B4）	C13：在项目操作环节中能按流程进行操作
		C14：能提前预设多种操作方案，选择最佳方案
		C15：进行操作时，能多次尝试，从而更加熟练地操作
		C16：能对项目操作的成果进行优化、更新

续表

一级指标	二级指标	三级指标
非认知能力 （A2）	学业管理 （B5）	C17：能按照项目要求制订可行的学习计划并坚持执行
		C18：能明确自己在学习中的任务和角色
		C19：能按时完成任务并按要求提交
		C20：能按时参与小组讨论
	学业毅力 （B6）	C21：在学习时集中注意力，不易受到外界环境干扰
		C22：意识到会在项目中遇到困难
		C23：学习中遇到困难仍然坚持学习，努力克服困难
		C24：能合理地分析学习成功或失败的原因
	合作技能 （B7）	C25：学习中能与小组同伴进行有效沟通
		C26：在完成个人任务的同时关注组员进展，及时提供帮助
		C27：遇到问题，有寻求帮助的意识，主动与同伴或老师交流
		C28：能虚心采纳小组成员的建议
	自我效能 （B8）	C29：认识到自己是学习的主人，对学习负责
		C30：体验学习收获，获得满足感
		C31：对所学内容有进一步研究学习的热情
		C32：学习时及时反思，调整和优化学习活动的形式和内容，并客观总结自己在学习中的表现和学习成果

在该评价体系的使用过程中，评价主体（教师、同伴或学习者本人）可以根据实际情况在项目式学习的不同阶段（节点）选择部分或者全部指标对评价对象（学生）进行评价，也可以根据项目的实际情况，对指标进行适当调整，但是应确保在整个项目式学习完成后，每个三级指标至少被评价两次，以保证评价可以得到体现增值效果的数据。

（三）指标体系的应用策略

第一，在项目式课程的学习活动开始之前，将这一增值性评价指标体系呈现给学生。学习活动前就向学生对过程性评价做出一定的说明，可以让评价指标发挥指导性的作用，让学生明确自己在学习过程中应该提高自己哪些方面的能力，明确自己除了学习知识外，还应该实现什么目标。因此，在学习活动开始前就应将项目式课程评价的方式和标准告诉学生。

第二，多元化的评价主体对学生进行全面评价。评价不能仅仅停留在以教师为导向的评价模式中，若将指标应用到全部教学活动中，就不能仅仅依靠教师来完成评价。因此，在学习过程中观察学生的学习情况，教师、学生和合作伙伴需要共同完成一部分评价，这样才能使评价不单一，也能增强学生的积极性。

第三，不同项目类别中灵活应用。受到学科性质、学习者特点、教师教学风格等诸多因素的影响，对评价的需求也各有不同，所以灵活性就是评价指标体系所必备的。在实际评价的过程中，教师必须掌握课程项目的性质、类别，因地制宜地灵活选用评价指标。比如，制作类、实验类的评价会更注重对动作技能（B4）这一指标。

四、增值性评价的使用案例

"综合+数学"项目式课程属于学科项目式课程，是以数学学科为主的多学科融合的课程，强调跨学科主题学习。这里选择"综合+数学"课程中的"数据分析"主题"近视，请你远离我"，重点介绍如何在项目式课程中应用增值性评价。

通过分析"近视，请你远离我"这一项目课程的目标以及支撑项目结束后要求达到的水平，对应上述的增值性评价指标体系，我们发现从课程目标的分类上不能够细致全面地去评价教学效果。为此，笔者进行认真综合研究对比之后将课程目标1、课程目标2和课程目标3结合本研究的指标体系进行了详细的划分比较，见表5-4。

表5-4 评价指标对比研究划分

课程总要求	课程目标设定	观测指标领域	本研究增值评价指标要点
了解近视知识	课程目标（项目了解）：了解"近视"相关的知识，比如眼睛结构，近视形成原因、近视的危害及保护视力等相关知识。活动过程中培养学生分析处理和收集资料信息的能力	指标点（获取信息、筛选信息）：能够应用网络检索工具、向专业人员（眼科医生、卫生教师）、采用问卷调查、访谈等方式获取与"近视"相关的知识	C1：能理解所探究的项目背景、问题和假设等。 C5：能筛选各种渠道获取的学习资料，比如教师、网络等。 C10：能够在项目学习过程中主动发现问题，并想办法解决问题
数据意识	课程目标2（数据意识）：通过调查统计了解全校同学近视的情况，以及近视率的增长情况。收集、整理、分析数据，利用统计学知识制作统计表与统计图，发展学生的数据整理、分析能力，培养学生的数据意识	指标点（数学核心素养表现之一：数据意识）：了解"近视情况"的统计全过程；能对收集的数据用统计图表进行整理；能对数据进行分析解释并根据数据做简单的推断	C7：能将项目中的问题和课内知识建立联系。 D1：掌握统计的全过程：调查收集数据、整理数据、分析数据。 D2：能分析数据背后蕴含的信息，感受数据的变异性
沟通合作能力	课程目标3（沟通合作）：在统计调查活动中利用问卷、访谈等调查方式收集近视相关数据，在活动中培养学生的沟通能力及合作意识	指标点（沟通合作）：在问卷、访谈等调查活动中能与调查对象进行有效沟通；在小组活动中，与组员间能进行有效沟通，协商合作解决问题	C25：学习中能与小组同伴进行有效沟通。 C26：在完成个人任务的同时关注组员进展，及时提供帮助。 C27：遇到问题，有寻求帮助的意识，主动与同伴或老师交流。 C28：能虚心采纳小组成员建议

在对比分析中，有些指标项是需要贯穿整个学习过程的，而不是单一的某一课程目标。虽然每个课程目标都有侧重考查的指标项，但笔者认为，尤其在非认知能力目标下的学业管理、学业毅力和自我效能评价指标项中。例如，C17：制订计划并执行；C19：按时完成任务并提交；C22：遇到困难仍能坚持并克服；C30：体验收获，获得满足感；C32：及时反思等。学习者自主管理、自身体验感觉的评价项，应该出现在整个过程性评价中。另外，"近视，请你远离我"是一项数学学科项目式课程，鉴于数学的学科特点，增加了"数据分析"这一数学核心素养的两个评价指标 D1、D2。

根据上述评价指标的对比分析，结合各指标适合的评价方式，分别设计了教师评价、同伴互评、自我评价的三个"近视，请你远离我"的增值性评价量表，见表 5-5。

表 5-5　"近视，请你远离我"增值性评价量表（教师）

指标项	指标评价标准	教师评价（0～5分）		
		前测	中测	后测
C1：能理解所探究的项目的背景、问题、假设等	能够掌握"近视"这一项目的背景、驱动性问题、项目假设等			
C5：能筛选各种渠道获取的学习资料，比如教师、网络等	能通过网络检索，询问眼科医生、卫生老师等形式获取有关"近视"的信息，并能筛选对项目有用的信息			
C7：能将项目中的问题和课内知识建立联系	能联系数学学科知识：统计表、条形统计图、折线统计图；综合实践：调查问卷、访谈提纲等课内知识			
C10：能够在项目学习过程中主动发现问题，并想办法解决问题	能够在项目学习过程中主动发现问题，并想办法解决问题			
D1：掌握统计的全过程：调查收集数据、整理数据、分析数据	能清晰描述解决"××年级学生近视率？"等统计问题的全过程：设计调查问卷进行调查收集数据、利用统计图表整理数据，并简单分析数据			
D2：能分析数据背后蕴含的信息，感受数据的变异性	能分析数据背后蕴含的信息，能对学生近视的发展情况做简单的预测。能理解特殊的变异数据统计的随机性			
C23：学习中遇到困难仍然坚持学习，努力克服	学习中遇到困难仍然坚持学习，努力克服			
C32：学习时及时反思，调整和优化学习活动的形式和内容，并客观总结自己在学习中的表现和学习成果	学习时及时反思，调节和改进学习活动，并客观总结自己在学习中的表现和学习成果			

由小组同伴填写的增值性评价量表见表5-6，在项目式课程学习过程中，对学生的合作交流、评判反思、协作共享等方面进行测评打分。

表5-6 "近视，请你远离我"增值性评价量表（同伴）

指标项	指标评价标准	同伴评价（0～5分）		
		前测	中测	后测
C20：按时参与小组讨论	在小组合作中，积极、按时参与小组讨论			
C18：明确自己在学习中的任务和角色	在项目活动中，服从组长安排，明确自己的任务和角色，不推诿			
C25：学习中能与小组同伴进行有效沟通	小组讨论中不讨论与项目无关内容，敢于发表自己见解			
C26：在完成个人任务的同时关注组员进展，及时提供帮助	在完成个人任务的同时关注组员进展，及时提供帮助			
C27：遇到问题，有寻求帮助的意识，主动与同伴或老师交流	遇到问题，有寻求帮助的意识，主动与同伴或老师交流			
C28：能虚心采纳小组成员建议	对于组员或观众、老师提出的建议能虚心接受，采纳有用的建议			

用于学生自我评价的增值性评价量表见表5-7，主要应用在整个项目式学习过程中，对自己学业管理、学业毅力、自我效能等方面进行主观的测评打分。

表5-7 "近视，请你远离我"增值性评价量表（自我）

指标项	指标评价标准	自我评价（0～5分）		
		前测	中测	后测
C17：能按照项目要求制订可行的学习计划并坚持执行	能按照项目要求制订可行的学习计划并坚持执行			
C21：在学习时集中注意力，不易受到外界环境干扰	在学习时集中注意力，不易受到外界环境的干扰			
C24：能合理地分析学习成功或失败的原因	能合理地分析学习成功或失败的原因			
C29：认识到自己是学习的主人，对学习负责	认识到自己是学习的主人，对学习负责			
C30：体验学习收获，获得满足感	体验学习收获，获得满足感			
C31：对所学内容有进一步研究学习的热情	对所学内容有进一步研究学习的热情			

从三个方面对评价主体进行数据的收集和整理，3个评价量表一共20个指标，每个指标的评价等级为0~5分，满分100分，从纵向看，综合3个量表学生的总分数就是该学生的综合评价总分。横向看，可以类比一个学生三次评价（前测、中测、后测）的综合得分变化情况，用以评价学生在该项目式课程学习中的增值发展情况。

第三节 "综合+"项目式课程在评价中反思与提升

一、项目式课程在反思中提升

项目式课程需要不断复盘，不断反思。从反思主体来看，教师和学生都需要开展反思活动。学生在布局、复盘、反思中，逐渐找到真相，发现真理，获得成功；教师不断反思设计与实施过程，对项目进行修改与完善，自然而然地产生了迭代效应。在下一次开展项目时，这将是一个更加成熟、高效的项目。而学生的学习成果也经过不断迭代，更加科学、合理，更加满足相关的需求。

对于教师来说，项目式课程反思有以下几个方面的意义：

第一，在反思中进一步优化项目设计。当一个项目式课程结束后，身为项目设计的教师应对整个项目设计从头至尾进行复盘反思，重新思考项目设计要素是否完善，选题是否吸引学生，驱动问题是否能积极推动项目发展，是否将素养真正落地等。从而对项目式课程设计进行优化完善，以期该项目课程在重复实施过程中取得更好的效果。

第二，在反思中深入理解教学理论。在项目式课程实施的过程中，我们经常处于"行动引领"的状态，即所有的想法都需要行动来实现，所有的问题都需要行动来解决，几乎没有时间停下来思考。反思环节强迫我们停下来，进入"思考引领"的状态。教师需要使用所学理论去思考和解释自己的行为，并提出改善方案。这样，理论就有了"用武之地"，教师得以在反思中深度理解教学理论，从而实现从"经验型"教师向"研究型"教师的转变。

第三，在反思中提升项目实施能力。项目式课程实施是一个迭代升级、螺旋上升的过程。我们不期望教师第一次开展项目式学习就做到面面俱到，而期待教师能勇于迈出第一步，在不断地反思中提升自己。从关注项目成果到关注项目过程，从关注项目框架到关注每一个细节，从关注自己的教学到关注学生的成长，这可能是大多数教师都会经历的过程。而这个过程，就是在一次又一次的反思中发生的。

对学生来说，反思的意义更为重要。《义务教育课程方案(2022年版)》提到："倡导以评价促进学习的理念，注重提高学生自我评价、自我反思的能力，引导学生合理运用评价结果改进学习。"这段话出现在"改进教育评价"的章节，由此可见，国家课程方案将自我反思的能力作为一种评价方式，而评价是为了促进学习。学生可以通过反思对问题进行合理归因，增强自驱力，促进自主学习。

第一，通过反思进行合理归因。当处于一个情境或是真实任务中时，我们往往不能理性地思考，导致归因错误。例如，较之传统课堂，学生在项目式学习课堂上产生了强互动的关系。如果学生缺乏合作学习的经验，项目式学习活动开展就不会一帆风顺，学生之间的争执、矛盾就会常常发生。当这样的冲突发生时，当事人往往处于不算冷静的状态，教师在繁忙的教学工作中处理得也会比较匆忙。在反思环节，教师可以让大家暂时摆脱对日进度的追赶，冷静、理性地复盘，思考问题到底出在哪里。其实问题的出现，往往并不在于人本身，而是流程、资源、支架的设置不合理。教师可以和学生一起开展反思活动，找到问题的真正原因，避免问题再次出现。

第二，通过反思进行自我评价，可以增强自我驱动力。反思是自我复盘和思考的过程，当学生可以自主发现自己的问题时，学习的效果就会比屈服于外界压力所取得的效果要好得多。教师和家长苦口婆心无法达到的教育效果，通过自我反思会取得奇效。自己的觉醒和发现是一种强大的驱动力。

第三，通过反思发现更多的问题，促进自主学习。反思的过程是一种拓展性思考的过程，学生通过对过去成功经验的回顾，会生发出更多更有趣的想法，对过去失败经验的总结也会激发他们产生"再来一次会怎么样"的冲动。这是一个自我调控、自我激励的过程，可以为学生的自主学习打好基础。

二、项目式课程反思性评价工具的设计

要想取得较好的反思效果，一般需要在项目开始前，就制订一个详细的反思方案，包括明确反思主体（教师／学生）、选定反思时机、确定反思维度以及选择反思工具等。

从反思时机来看，并非只有在项目结束时才开展反思活动，在每一个项目阶段，教师都可以组织反思活动。另外，实时反思活动可以贯穿项目始终。

从反思维度来看，比如教师的反思可以从项目目标、项目流程、项目实施、项目管理和项目整体几个维度来提出反思问题。

具体反思时可以参照表 5-8、表 5-9 所示的反思问题清单。

表 5-8　教师反思问题清单

反思维度	问题清单	解决策略
项目目标	项目素养目标是否达成？	
	项目知识目标是否达成？	
	项目最终成果是否解决了驱动性问题？	
	除了既定目标，还有哪些收获？	

续表

反思维度	问题清单	解决策略
项目流程	项目流程是否具有逻辑性？	
	项目流程是否与项目课程类型相契合？	
	学科整合是简单学科叠加还是深度融合？	
项目实施	教师还可以给学生搭建哪些学习支架？	
	学生的参与度是否广泛而持久？	
	项目成果是否符合预期？	
项目管理	项目是否在计划时间内结项？	
	项目管理中遇到了哪些问题，如何解决的？	
	项目分组是否合理？合作是否有效？	
	还可以做哪些更有利于项目管理的工作？	
	在类似的情境中是否产生了迁移？	
项目整体	如果再做该项目，有哪些建议和改进策略？	
	整体上，你是否满意整个项目过程？	

表 5-9　学生反思问题清单

反思维度	问题清单	解决策略
目标达成	项目素养目标是否达成？	
	项目知识目标是否达成？	
	项目最终成果是否解决了驱动性问题？	
	除了既定目标，还有哪些收获？	
学习过程	项目流程是否具有逻辑性？	
	项目流程是否与项目课程类型契合？	
	学科整合是简单学科叠加还是深度融合？	
项目实施	教师还可以给学生搭建哪些学习支架？	
	学生的参与度是否广而持久？	
	项目成果是否符合预期？	
项目管理	项目是否在计划时间内结项？	
	项目管理中遇到了哪些问题，如何解决？	
	项目分组是否合理？合作是否有效？	
	还可以做哪些更有利于项目管理的工作？	
	在类似的情境中是否产生了迁移？	
项目整体	如果再做该项目，有哪些建议和改进策略？	
	整体上，你是否满意整个项目过程？	

三、项目式课程反思性评价使用案例

上述的反思性评价工具可以用于教师反思或学生反思，也可以用于教师和学生都参与的全员反思，它们的开展过程是类似的。在具体使用过程中，可以根据项目推进的具体情况对反思性评价工具进行修改和完善，使其更便于使用。

如图 5-3 所示是在“我是云游校园小导游”这一“综合实践 + 数学”的项目式课程结束时，选择“项目管理”这一反思维度，学生进行的反思活动。

我是云游校园小导游 项目式课程反思性评价工具（学生版）

（反思维度：项目管理）

反思问题：
1.项目是否按计划时间结项？
该项目老师建议的时长是“两周”，我们小组制定的计划也是两周，但最后在制作校园模型时花费时间过长，导致最终两周四天才结项。我们在计划时不应该刚好卡在两周，要预留几天机动时间。
2.项目管理中遇到了哪些问题，如何解决的？
1.由于该项目是在假期进行，我们组一开始约定在固定时间、地点交流讨论，发现总有成员缺席，后来想到疫情时经常采取线上会议，该问题得以解决。 2.组长在收集汇总、组员反馈意见时。
3.项目分组是否合理？合作是否有效？
我们组一开始分组时是老师来分配，由于考虑需要绘制平面图，最后要制成小视频，需要有绘画基础和信息技术的同伴，与老师沟通后，我们重新增加了新组员，总体而言比较合理。但合作中，还是因为缺少沟通，做了很多无用功。
4.还可以做哪些更有利于项目管理的工作？
1.项目开始前的计划还需要更~~细致~~详细。 2.项目进行中还需根据组员特点及兴趣分配任务，但要定期经常沟通。 3.老师提供了一些过程记录等工具，我们需要积极使用，不要嫌麻烦。
5.在类似的情境中是否产生了迁移？
目前还没有在其他情境中使用过，但是如果遇到类似情境，相信我们组可以更高效、优秀地完成。

图 5-3 “我是云游校园小导游”项目式课程反思

该反思以小组为单位进行，在反思开始前，确保小组成员彼此信任，在一个“令人放心”的氛围中开始反思，鼓励各组成员勇于表达出真实的想法，明确反思的目的是“改善”，而不是找“责任人”，这些都需要教师的引导和提前沟通。

反思环节完成后，最好能安排分享会，让各组成员分享交流各自的反思，从同伴的成功和失败中获取力量。

第六章　素养导向下的项目式课程探索与实践课程案例

第一节　学科项目案例

一、项目整体设计

（一）支撑"睛"彩世界

"综合+"项目式学习设计

项目名称	支撑"睛"彩世界		项目类别		学科项目	
总课时	3	适用年级	6年级	设计者	杨涛　王楠	
项目概述		近年来我国青少年的近视率逐渐上升,居家学习期间学生用眼过度,视力快速减退,通过这个项目,学生可以深入了解近视矫正支架的设计和制作过程,提高动手能力和创新思维能力,培养学生对科技和工程的热爱和兴趣。同时,学生还可以了解眼部健康的重要性,关注自己的健康状况,养成良好的用眼习惯				
项目目标	学科素养	运算能力:用计算思维思考、解决问题。 数据意识:分析数据、推断可能性情况。 抽象意识:情境中抽象问题、提出方法。 模型意识:对模型的数学识别与表达。 几何直观:从图形描绘到空间思维能力				
	跨学科素养	合作交流:能大胆分享自己的想法。 问题解决:善于发现和提出问题,有解决问题的兴趣。 勇于探究:敢于主动探索解决问题的方法。 勤于反思:善于总结经验				
情境问题	创设情境	当前,越来越多的人因为不良的用眼习惯而导致近视,近视给人们的生活和工作带来了很多不便。然而,市场上的近视矫正支架往往不能满足不同人的需求,存在设计单一、调整不便等问题。因此,我们需要自己动手制作一款满足个人需求的近视矫正支架				
	驱动问题	如何设计一款满足个人需求的近视矫正支架? 在制作过程中,需要注意哪些细节和问题				

续表

项目成果	完成一款满足个人需求的近视矫正支架,该支架应具备良好的舒适度和稳定性。在设计和制作过程中,学生能够运用所学的科学、技术、数学等知识,解决实际问题;培养动手能力、创新思维和解决问题的能力,提高对科技和工程的热爱和兴趣;提高团队协作和交流能力,能够与同学、老师或其他人进行有效的沟通和合作。让学生关注眼部健康,养成良好的用眼习惯,增强自我保健意识		

任务图解	支撑"睛"彩世界 ── 调研近视成因 分析可控因素 ── 建立近视防控支架设计的数学模型 ── 近视防控支架的设计与制作 ── 实践体验与反馈改进

课程整合	支撑"睛"彩世界 ── 生物、健康 ── 调查并了解近视形成原因 ── 数学 ── 建立近视防控支架设计的数学模型 ── 物理、综合实践 ── 近视预防与矫正方法 / 近视防控支架的设计与制作

	主要环节	项目学习活动	设计意图
项目实施	真实情境 提出问题	2020 年调查显示,我国超半数青少年近视,小学生近视率为 35.4%。其原因是学习环境不良,不良用眼习惯,缺少户外锻炼。 如何守护小学生的眼健康	创设情境,引导学生探索
	学科转化 学科探索	①了解学校近三年学生的视力状况。 ②寻找近视防控切入点。 ③建立数学模型	培养数据意识,分析数据,推断可能性。抽象意识,在情境中抽象问题,提出方法。培养模型意识,学习对模型的数学识别与表达
	综合实践 问题解决	①了解市面产品优缺点。 ②了解用户需求。 ③收集材料,绘制草图,完成支架	培养勇于探究,敢于主动探索解决问题的意识,善于发现和解决问题,有解决问题的兴趣
	完善交流 评价拓展	①收集用户反馈。 ②整改完善。 ③思考适用场景	培养合作交流意识,能大胆分享自己的想法,勤于反思,善于总结经验,思考改进

续表

项目反思	在真实情境环节,实地考察环节执行得不错,但可能没有注意一些细节,比如材料的选择、用户反馈等。下次可以更多地收集用户反馈,以便更好地了解市场需求。 在提出问题环节,学生的问题意识还有待提高,提出的有些问题可能比较浅显。下次可以提前给学生一些引导,让他们提出更有深度的问题。 在学科转化环节,有些学科知识的应用还不够自然,需要加强对知识应用的训练和指导。 在学科探索环节,学生的自主探究和合作学习能力有所提高,但他们在时间管理和资源利用方面的能力还有待加强。下次可以提供更多的学习资源和时间管理技巧。 在综合实践环节,学生的动手能力和创新思维有所提高,但在支架的实用性、舒适性和稳定性等方面还有提升空间。下次可以加强这些方面的训练和指导。 在问题解决环节,学生的问题解决能力和反思能力有所提高,但在反思的深度和广度方面还有提升空间。下次可以引导学生进行更深入的反思和总结。 在完善交流环节,学生的语言表达能力和合作沟通能力有所提高,但在互动和分享方面还有提升空间。下次可以增加更多的互动和分享环节。 在评价拓展环节,学生的思维拓展能力和创新能力有所提高,但在拓展应用的广度和深度方面还有提升空间。下次可以引导学生进行更广泛的拓展和应用

(二)小小时间规划师

"综合+"项目学习设计

项目名称	小小时间规划师	适用年级	1年级	项目类别	学科项目
总课时	4	设计者	唐庆阳 吴懋若	学校	御峰小学
项目概述		通过本项目的实施,学生能在层次丰富的活动中,掌握1年级数学有关钟表的基础知识,了解24小时记时法,结合自己的生活经验,体验时间的长短。通过制作钟表的体验,引导学生感受数学与艺术结合的魅力,锻炼学生动手设计制作的能力。通过时间规划的体验,渗透珍惜时间、遵守时间的思想,学生能初步学会规划时间			
项目目标	学科素养	空间观念:让学生能够感知时间的空间概念。 模型意识:能够建立关于时间知识的结构模型。 应用意识:运用时间相关知识,合理规划自己的行程。 创新意识:尝试从情境中发现和提出有意义的数学问题			
	跨学科素养	问题意识:在钟表制作材料选用与制作方法的选择过程中,培养学生分析问题、解决问题及创新实践能力。 规划与设计能力:在钟面设计和时间规划思维导图的制作过程中,培养学生美术造型表现能力,用美术技能和知识来创作美术作品。 总结与交流能力:在项目实施的过程中,通过深度体验时间、亲手规划时间等任务培养学生合作交流的意识			
情境问题	创设情境	1年级的小朋友在生活中经常遇到以下现象。 ①今天上学又迟到了。 ②今天的作业又没有按时完成。 ③想看电视、玩玩具,可是还有学习任务没完成。以上问题都源于1年级孩子的时间概念模糊,合理地安排好自己的时间是每个孩子的必修课程,让我们通过实践深度认识时间吧			
	驱动问题	寒假即将到来,为了更好地度过愉快的春节,做到学习和娱乐两不误,你是否能运用本期所学的时间知识做一份寒假计划?			

续表

项目成果	项目成果: 同学们能够运用时间知识做一份合理的寒假计划。要求:①劳逸结合;②安排合理。 评价标准:

	学生自评	组内互评	教师评价	家长点评
目标明确性	☆☆☆			
学习与发展				
兴趣与爱好				
时间管理				
家庭与社交				

任务图解

"综合＋"跨学科学习双线并行:

小小时间规划师

任务一:时间知识知多少
- 活动1:问卷调查
- 活动2:分类整理
- 活动3:学习计划

任务二:时间知识再探究
- 活动1:熟悉钟面
  - 整时
  - 时间表示法
- 活动2:钟表制作
- 活动3:知识拓展
  - 日晷
  - 水钟

任务三:时间长短我知道
- 活动1:感受时间脚步
  - 我的一秒钟
  - 我的一分钟
- 活动2:探索时间单位关系

任务四:时间计划我安排
- 活动1:我精彩的一天
  - 规划
  - 交流
  - 修改
  - 运用
  - 复盘
- 活动2:我的寒假我做主

规划寒假生活 → 数学建模 → 交流、设计 → 交流评价

续表

课程整合	数与代数：常见的量 认识钟表、时间表示法、时间的长短　数学　美术　绘画 钟面设计，时间思维导图绘画　小小时间规划师　材料、科学方法 钟表制作材料选用及制作方法　科学　综合与实践　实践活动 体验时间、规划时间		

教学思路	真实情景提出问题	学科转化建立模型	综合实践问题解决	完善交流拓展评价
	驱动问题：你是否能运用本期所学的时间知识做一份寒假计划？	问卷前测：了解对于时间知识的认知程度。形成问题清单，确定探究的起点。 学科建模：通过钟表制作，时间知识探索建立时间概念模型	初设方案：感受时间长短拟订一天的计划。 实践感知：实施一天的计划。 交流小结：根据一天的计划小结出如何合理安排时间。 解决问题：拟订一份寒假计划	复盘总结：根据计划的实施效果，寻找拟订时间计划的策略及要素

项目实施	主要任务	项目学习活动	设计意图
	真实情境 提出问题	由于1年级小朋友对时间概念比较模糊，同学们经常出现上学迟到、作业未按规定时间完成等问题。在数学课堂中我们已经学习了时间的相关知识，但是时间概念是抽象的，同学们掌握得并不是很好。组织同学们完成问卷调查"关于时间你知道什么，你还想知道什么？"整理归纳调查问卷，形成问题清单。了解学生有关时间的知识背景，收集关于时间的问题，帮助他们找到学习的起点。对时间有了深度了解以后，我们是否能将探究到的知识进行合理运用，为即将到来的寒假做个合理规划	从学生已有的认知出发，了解学生基本素养，为后面的项目式活动打下基础。学生能在教师的指导下，画出自己对时间的了解，能和老师一起整理问题，培养分类整理的意识

项目实施			
	学科转化 学科探索	要使学生能够合理安排好自己的寒假,首先应该让学生在脑海中充分建立好与时间相关知识的模型。 在钟表的制作过程中,掌握有关时间的基础知识、认识整时,同时在绘制表盘时感受时间与艺术结合的魅力,并运用做好的钟表,开展"我拨你说"小游戏,让学生掌握钟面的基础知识,熟悉时针、分针、会看整时 **玩转时间** 枯燥的数学知识,玩着玩着就学会了 	在钟表制作过程中,培养学生动手能力、创新意识,在操作过程中让学生对时间知识有更深层次的理解

续表

	综合实践 问题解决	用不同的方式,体验时间1秒钟、1分钟,感受时间的脚步。再对比1秒钟和1分钟,感受时间的差距,知道它们之间的关系。在我的时间写绘中,感受时间与生活的对应,以及在生活中的应用。了解24小时记时法,联系生活,学习利用思维导图、表格法等时间记录方式来规划自己的生活 	通过系列综合实践活动进一步建立时间模型,初步培养学生的时间规划能力
项目反思	完善交流 评价拓展	展示交流我精彩的一天时间计划。 学生评价关注:①我的计划完整吗?②有没有哪些地方计划得不合理?③能否总结出拟订一份时间计划的要素? 利用本项目探索的知识完成一份寒假计划并加以实施,寒假结束后对自己的计划进行复盘。在寒假期间拓展学习有关时间的其他知识,例如时间绘本,时钟、日晷、水钟的工作原理等 	通过展示交流,探讨时间规划的完整性、合理性、有效性。培养学生发现问题、解决问题的能力

续表

项目反思	1.生活化问题引导知识呈现 在平时教学过程中,很多时候教师是为了教知识而教,而学生多数是为了学知识而学。例如,本项目的核心知识:在数学学科时间认识的教学中,因为时间的抽象特性,单一的讲授方式往往片面而孤立地传授知识,认识时间成为一年级学生难以突破的重难点。时间本就和我们的生活密不可分,将数学教学方式与项目式学习模式相结合,从生活的实际出发解决现实问题,让学生能够受到知识开展过程的有效牵引,从而逐步地掌握到这个知识。只有经历了过程,才能让知识的效能达到最大。 2."主题＋任务"单元式学习 知识的学习是一个循序渐进的过程。很少有知识能够适合于每一个受众,所以要对所学习的知识进行整合。通过必要的精简、调整、整理、统合、补充,以有利于学生学科认知建构和开展的方式重新组织教材。针对知识基础提炼出学习主题,通过上游知识、后续知识以及跨学科维度上进行知识的整合,可以有效地让学生在较短的时间内进行知识相对完整性的学习。小小时间规划师用寒假时间规划任务整合单元知识的形式,完成对知识的逐步学习。 3.科学设定学习活动 任何一个知识点的学习、理解、吸收以至融会贯穿都需要逐步实现,而且水平和素养只有在相应的实践活动中才能提升,设计适合学生学习知识和年龄特征的活动显得尤为重要。设计活动要本着适合学生开展而不是适合学生记住知识的原则,设计学科学习活动要有诸多方面的界定:①要有科学性,能体现学科特点和跨学科融合。②要有自主性,所有学习活动要在教师的引导下,学生独立、自主地活动。③要有教育性,活动本身能够提升学科核心水平和素养

（三）我为红岩英雄建档案

"综合＋"项目式学习设计

项目名称	我为红岩英雄建档案	适用年级	5—6年级	项目类别	学科项目
总课时	6	设计者	王从香	学校	南岸区文峰小学
项目概述	本项目以"传承'红岩'精神,致敬英雄"为主题,以"活动育人"和"体验式教学"为主要载体,让学生在活动中体验,在体验中成长。 通过课内外阅读与课外研学相结合的方式,设计红色研学项目群。该项目有利于厚植学生的爱国主义情怀,培养学生坚韧朴实的性格,提高学生的创新能力与实践能力。 本项目为红岩英雄人物建档案共计6课时,适用于5—6年级,融合语文、数学、历史、美术等学科				
项目目标	学科素养	语言运用(语文):能将研学过程中的所见所闻,通过语言文字进行有效交流与沟通。 数据意识(数学):会搜集、整理、分析、运用数据解决实际问题,形成数据意识。 家国情怀(历史):在探究红岩英烈史料中,厚植家国情怀。 信息素养(工程):会选择适切的信息化手段为红岩书中英雄人物建档案,运用信息技术增强交流与表达的有效性。 审美创造(艺术):通过为英雄人物建档案,自主设计档案,提升学生艺术设计的能力			
	跨学科素养	信息素养:能够运用各种途径和技术搜集红岩英烈信息,并通过查询资料学习了解什么是档案,怎么建档案。 沟通素养:愿意和他人分享自己的想法。能清晰、准确有条理地运用语言、文字或肢体动作表达自己的观点与情感,能根据不同的沟通对象、情境和目的,灵活调整沟通方式。 合作素养:在进行多人合作时,能综合考虑小组各成员意见,形成集体观点;能主动积极承担分内职责,有效推动团队目标的最终实现。 问题解决能力:遇到问题能够运用多学科知识和方法解决实际问题			

续表

情境问题	创设情境	读完《红岩》这本书,我们了解了像江姐、小萝卜头等众多红岩先烈,为了让更多的人了解英烈们的伟大和奉献,我们一起为英雄们建立一份独一无二的档案
	驱动问题	什么是档案? 为谁建档案? 怎么建档案

项目成果	项目成果: "我为红岩英雄建档案"小组汇报个人学习收获,红岩革命先烈的革命诗词朗诵会、红岩歌曲我来唱,红岩影视我推荐,让不同层次的学生都乐于参与,敢于表达,在体验中获得成长的快乐。 评价标准: 　小组目标清晰,成员分工明确且合理,团队合作好,档案完成度高,对英雄人物充满敬意,会通过多种途径查询和搜集资料,在研学中能根据本组具体任务确定研学重点,会记录资料,会分析数据,会大方表达

任务图解	

课程整合 (基于课标)	

续表

实施流程	项目实施的具体流程图:		
	主要环节	项目学习活动	设计意图
项目实施	真实情境提出问题	1.真实情境 同学们,你们知道为什么要将每年的9月30日定为烈士纪念日吗?今天我们拥有着和平富足的生活,这幸福生活是无数革命英烈用生命与鲜血换来的,重庆一直被称作英雄之城,这是为什么呢?前面大家都阅读了《红岩》这本书,我们从书中了解了像江姐、小萝卜头等众多红岩先烈,他们牺牲时都比较年轻,很多人都没有留下子女,比如小萝卜头宋振中8岁就牺牲了,为了让更多的人了解英烈们的伟大和奉献,我们一起为英雄们建一份独一无二的档案吧。 2.驱动问题 什么是档案?为谁档案?怎样建档案	围绕真实的情境,切实关注学生的现实需求,提出真实的驱动性问题
	实践探究任务一:档案是什么?	要想为红岩英雄人物建档案,首先得知道什么是档案。 1.活动1:问题引领,小组讨论 小组探讨,用什么方式可以学习了解到关于档案的知识? 2.活动2:人员分工,分头行动 (1)小组成员选出组长,做好成员分工。 (2)在老师的指导下,分别进行调查访问、图书馆查阅、网络学习。 (3)汇总成员的学习调查资料,小组分享,总结档案所应涵盖的常规内容	任务一主要了解档案应该包括哪些内容
	实践探究任务二:为谁建档案?任务目标:利用任务一中了解到的关于档案的知识,制作出本组的档案模板	1.活动1:确定小组建档人物 (1)通过小组商讨,明确建档对象。 (2)搜集红岩英雄人物基础信息。 2.活动2:制作档案模板 (1)根据任务一设计档案模板。 (2)小组讨论搜集英雄人物信息的方式	任务二通过学生小组合作确定本组建档对象,讨论出收集信息的不同方式,在讨论中培养学生的合作意识及沟通能力

续表

	主要环节	项目学习活动	设计意图
项目实施	实践探究 任务三： 怎样建档案？ 任务目标： 在任务二的基础上，要求学生在家长或老师的协助下制定项目学习单，确定本组的研学重点任务	1.活动1：为了搜集本组红岩英雄人物信息，查阅影视资料 （1）学生查阅关于红岩英烈的影视作品，搜集英烈信息与光荣事迹。 （2）教师组织小组讨论，指导学生如何从影视资料中查询收集信息。 2.活动2：为了搜集本组红岩英雄人物信息，查阅文献资料 （1）在家长协助下上网查询英雄人物信息。 （2）在相关书籍著作中搜集红岩英烈事迹与英烈们所撰写的诗词歌赋。 3.活动3：红岩研学 （1）在教师指导下制定项目学习单，确定本组成员研学重点任务。 （2）实地探访红岩革命纪念馆、烈士墓、红岩魂陈列馆、渣滓洞、白公馆等。 4.活动4：成果分享 在教师组织下开展班级交流、年级交流、全校展演 （1）班级交流 苏靖轩 分享江竹筠的英雄事迹 钟禹恬 介绍《红岩》英雄"双枪老太婆"的原型——陈联诗	任务三是实践探究的关键环节，这里需要老师全程指导，用到信息技术，一方面培养学生解决问题的能力，另一方面也培养了学生的信息素养。 活动3是集体研学，每组成员需要根据自己建档英雄人物的信息搜集情况，确定研学重点任务，并做好分工，分别完成记录、拍照任务

	主要环节	项目学习活动	设计意图
项目实施		(2) 年级分享 黄建华组分享为江竹筠建档案成果 王艺然组分享为韩子栋建档案成果 (3) 校级展演 在学校"第七届阅读年会'书·信百年'主题诵读会"上汇报演出	

续表

	主要环节	项目学习活动	设计意图
		5.任务评价 给主动上台分享、表述清晰,并完成为英雄建档案任务的小组颁发优秀学员证书 	
	完善交流 评价拓展	1.分小组对项目进行复盘及成果完善 (1)谈一谈本组在项目过程中的收获以及待改进的地方。 (2)对项目的成果进行修改、完善。 2.师生对项目进行总结、展示	让学生在评价中反思和完善
项目反思		在项目实施过程中,校内阅读和课外阅读环节为学生奠定了坚实的知识基础,让他们对《红岩》中的英雄人物和故事有了更深入的理解。通过阅读,培养了学生的阅读能力和对文本的分析能力,为后续的实践活动做好了准备。 实地研学部分,带领学生前往红岩魂陈列馆、红岩革命纪念馆、烈士墓、渣滓洞、白公馆等地,让他们身临其境地感受那段历史的厚重,极大地增强了学生们的情感体验和历史认知。这种直观的学习方式使英雄人物在他们心中更加鲜活,也激发了他们为英雄建立档案的热情和责任感。 小组合作模式在活动中发挥了重要作用,学生学会了分工与协作,共同探讨、交流,提升了团队合作能力和沟通能力。在搜集英雄人物信息的过程中,他们学会了运用多种途径,锻炼了信息搜集和整合能力。 然而,在实施过程中也暴露出一些问题。比如,个别学生在阅读环节投入度不够,导致对人物理解不够深入,影响后续档案建立的质量;在实地研学中,有时学生因过于兴奋而忽略了对一些重要细节的观察和记录。此外,小组合作中也存在部分学生参与度不均衡的现象。 对于小组合作,要更加关注每个学生的具体表现,及时调整和协调,确保每个学生都能充分发挥自己的能力

(四)小柿饼 大制作——柿子的花式吃法

"综合＋"项目式学习设计

项目名称	小柿饼 大制作——柿子的花式吃法		项目类别		学科项目	
总课时	4	适用年级	3年级	设计者	孙建华	
项目概述	本项目让学生充分挖掘校园中柿子树的特点,项目环境来源于校园真实情境,探索柿子树和柿子的生长特点,研究柿子的花式吃法及制作过程,并反思改进、提炼总结核心经验。项目过程以解决学生真实问题为出发点,以"劳动教育"为可迁移的核心大概念,融合科学、语文、数学、艺术等多学科、多领域,让学生综合体验创造、解决问题的过程					

项目名称	小柿饼 大制作——柿子的花式吃法		项目类别	学科项目	
总课时	4	适用年级	3 年级	设计者	孙建华
项目目标	学科素养	探究实践：通过探索柿子树和柿子生长的活动，让学生了解植物生长的科学知识、劳动知识与技能等，培养他们的动手操作能力、观察力和分析能力。 科学思维：在研究柿子的花式吃法及制作过程实践活动中，让学生学会提出问题、搜集和分析数据、假设和推理、实践与反思等科学实践思维			
	跨学科素养	问题解决：从秋季来临，校园柿子树挂满果实的真实情境出发，引领学生探究柿子生长过程及特点，思考柿子如何吃出新花样。基于真实的问题，探讨问题解决方法与策略，培养学生解决实际问题的能力。 方案规划：基于"柿子如何花式吃"这一主题制作相关思维导图及实践操作方案。 创新思维：在项目式学习的过程中，培养了学生基于真实情境综合运用所学知识解决问题的创新意识与能力			
情境问题	创设情境	又是一年秋天到！2022 年的秋天，长空秋风一夜吹，红柿如锦满树坠。我们校园内的 5 棵柿子树结果啦！只见小拳头般的"青色圆球"，慢慢地长成了金黄灿烂的柿子，我们对此充满好奇："每年都在结果的柿子，总是直接拿来吃也太没新意了！柿子还可以怎么吃呢？"……基于这样的真实问题，我们的"小柿饼 大制作"活动正式开始啦			
	驱动问题	柿子分享会，你对柿子树和柿子了解多少？ 在初次实践中，柿子为什么会产生霉点？怎么做才能让新鲜柿子在制作成柿饼的过程中不发霉且还能保鲜			
项目成果	制作一批色泽鲜艳，可健康食用的柿饼，后期进行分享活动				
任务图解					
课程整合 （基于课标）					

续表

项目实施	主要环节	项目学习活动	设计意图
课程整合 （基于课标）	了解柿子、柿子树	通过实地走访、资料查阅等方式搜集资料，了解柿子树外形特点，通过制作表格、图画绘制、视频展示等方式呈现实践成果，展示柿子生长变化过程	基于真实问题，激发学生劳动探索的欲望。在驱动问题指引下，运用实地观察、查阅资料等多种方法了解柿子及柿子树，提升学生解决问题的能力
	柿饼初制作	①民主投票：学生分小组采摘柿子，设计任务清单"柿子的花式吃法清单自选表"，投票选择柿饼制作方法（包含柿子沙拉、甜蜜柿饼、柿子煎饼、柿子熬汤等）。 ②发现问题：一周过去了，负责给柿子翻身的同学却发现柿子身上长出了黑黑的霉点！尤其是紧贴桌面的位置。到底是怎么回事呢？为什么柿子会发霉？	考验学生的知识运用与问题解决能力，运用知识解决实际问题，在动手操作中感受实践与劳动的价值
	活动大复盘	①反思复盘：柿子为什么会发霉？通过查阅资料、询问食品专业人员以及父母，探寻柿子发霉的原因，用思维导图的方式记录。 ②原因总结：柿饼制作需要干燥、通风的环境；柿饼削完皮后不能直接用自来水冲洗，也不能用脏手直接触碰，否则容易滋生细菌	考验学生的反思与复盘能力，在失败中总结经验，反思复盘，探索总结成功经验，为下一次实践做知识准备和经验准备
	柿饼再制作	①柿饼再制作：利用学校提供的新一批柿子，再次制作柿饼，过程中重点关注几个细节： a.清洗后、切果实时，保持手部干净干爽；b.风干有方法，悬挂晾干，保证每个柿子都能充分接触空气，保证柿子的通风性；c.阳光暴晒，定期翻面；d.柿饼风干过程中扁平形状的压制技巧。 ②分享与改进：分享制作成功的柿饼，总结成功经验、改进措施，为后期批量生产做好前期准备工作	基于失败的经验再实践，提升学生的抗挫折能力与实践操作能力，在实践中体验成功的滋味，感受到有思考的劳动价值

真实情境 提出问题 → 实践探究 → 感悟体会

| 项目起源价值探索 | 多途径探索了解柿子
（查阅资料实践观察） | 多方齐开智柿饼初制作
（任务表单自主尝试） | 家校共反思活动大复盘
（思维导图反思复盘） | 重整再出发柿饼再制作
（吸取经验实践操作） | 视频呈现图文呈现收获总结 |

| 项目反思 | 在"小柿饼 大制作——柿子的花式吃法"项目式活动中，我们通过一系列的实践活动，促进孩子以下能力的提升：
教育即生活，提升知识经验与真实生活的关联度。学生的生活中存在千千万万的问题和现象，如何从其中发现教育契机，是教师需要思考的问题。学生通过校园中柿子生长的真实问题，紧紧抓住柿饼的制作方式，在不断探寻与反思中，提升问题思维与解决问题的能力。
实践出真知，强化实践中复盘、改进的重要性。学生在实践过程中，发现自身经验的不足，定位实践过程中的不当之处，不断反思、调整、优化、改进和提升。学生在制作柿饼过程中，历经几次失败，却并未气馁，反而借助多种方式，探寻柿饼发霉的原因并不断优化柿饼制作流程，充分体现出多次实践与持续改进的重要性，提升学生抗挫折能力与自我反思能力 |

二、课时实施设计

(一)支撑"晴"彩世界

课时学习计划

课题名称: 支撑"晴"彩世界		年级	6 年级	项目类别	学科项目
课时 / 模块 总课时	3/3	设计者	杨涛 王楠	学校	御峰小学
学习目标			学习目标		素养指向
学习目标		了解近视的成因、矫正方法以及光学知识,掌握支架设计和制作的科学技术。掌握基本的制作技能,包括材料选择、切割、打磨、装配等,学生能够对工具进行正确的操作和使用			科学素养
		培养创新意识,尝试不同的设计思路和制作方法,不断优化和改进支架的结构和功能			创新素养
		运用数学知识和逻辑思维能力,进行测量、计算和数据分析,保证支架的准确性和可靠性			数学与逻辑素养
		了解眼部健康的重要性,对自己的学习和工作负责,同时关注环保和可持续发展,选择环保材料和工艺			责任素养
教学流程 / 活动设计	主要环节		学习活动		
	调研成因	查阅最新的全国学生体质健康调研数据,了解我国学生近视眼的发病率,如小学生为 35.6%,中学生为 71.1%,高中生为 80.5% 等,这些数据能让学生深刻认识到近视问题的严重性。调查学生近视的成因,如读写姿势、光线强弱、遗传、饮食等,分析可控因素,为制作防控支架提供科学依据 户外活动时间——学校: 每日大课间、体育课／在家: 小区同伴游戏、公园、爬山 长时间接触电子产品——学校: 固定时长使用教学多媒体,课间体育／在家: 老师有与家长沟通 照明环境——学校: 教室、功能室安装有模拟自然光的LED护眼灯／在家: 学校没有书面作业,没有太多用眼需求 长时间近距离用眼——学校: 孩子作业、读书最长的时间在学校里面完成／在家: 现在低段没有书面作业,中高段合理少量作业 不良习惯用眼——学校: 上课、写作业、看书坐姿／在家: 躺着看书、暗环境看书 (近视成因: 不可控因素—遗传; 可控因素)			
	建立模型	学生根据调研结果,分组讨论并初步构思近视防控支架,确保支架能满足实际使用需求 建立模型 c(视距一尺)　b(视高)　a(读写距离) 定量:$c_{视距}$　变量:$b_{视高}$　因变量:$a_{最佳读写区}$ $b_{视高}=h_{坐高}-h_{桌高}$ $a_{最佳读写区}=\sqrt{c^2-b^2}$ $c_{视距}=$一尺(约33厘米)			

续表

主要环节	学习活动

<table>
<tr><td rowspan="4">教学流程/
活动设计</td><td>建立模型</td><td>

生活问题：
如何保持正确读写姿势？

数学问题：
如何在三角图形中找到最佳读写位置？

</td></tr>
<tr><td rowspan="3">设计制作</td><td>

1.测量及准备
①学生根据设计构思，自行准备所需材料，如铁丝、塑料纸、PVC管等。
②教师准备多媒体课件，学生提出的材料清单以及可能需要的辅助材料。

2.制作过程
（1）支架制作
①学生根据设计图，开始制作近视防控支架。如使用胶布制作一个三面合口的长方形支架，或采用两个平行的支杆和托架组成的支架等。
②在制作过程中，学生需要注意支架的尺寸、角度、圆球等细节，确保支架的实用性和舒适性。
（2）组装调试
①学生将支架各部件进行组装，确保支架稳固、灵活、易于调节。
②调试支架的高度、角度等参数，使其满足不同学生的需求。

</td></tr>
</table>

续表

教学流程 / 活动设计	主要环节	学习活动
	体验改进	实际操作： ①学生将制作好的近视防控支架固定在桌面或书桌上，进行实际读写操作体验。 ②感受支架在保持正确读写姿势、减轻眼部疲劳等方面的作用。 反馈改进： 学生根据实际操作体验，对支架的优缺点进行反馈和评价。根据反馈结果，对支架进行改进和优化，提高其实用性和舒适性

板书设计	学科实践 ——制作近视防控矫正支架 一、真实情境　提出问题 二、学科转化　学科探索 三、综合实践　问题解决 四、交流完善　评价拓展

作业设计	作业任务群	作业内容	作业建议 （要求、方式及指导）	建议年级	支持性学习
	任务一：寻找切入点建立模型	①收集在家学习近视成因	找寻在家上课、学习中对视力有影响的因素，找到主要原因	5—6年级	①在线计算器； ②模型原理知识支持
		②查询解决办法	通过对近视成因的分析，在网上寻找预防及纠正措施		
		③建立模型	运用数学知识，建立数学模型，解决问题		
	任务二：制作预防近视支架	①设计支架草图	用绘画的方式做出草图，构思制作思路		
		②收集材料	收集可用的材料制作支架		
	任务三：试验推广	拍摄制作视频与使用视频	拍摄制作视频向全校及全区同学推广		
	备注：学生可以自主选择一项作业任务完成。				

课后反思	活动结束后，及时进行总结和反思，对活动效果进行评估，总结经验和教训，为今后的活动提供借鉴和改进方向。 这些环节是相互联系、相互影响的，需要在整个活动过程中综合考虑，才能达到最佳的活动效果。同时，教师也要根据实际情况灵活调整活动环节和内容，以更好地满足学生的需求并实现活动目标

（二）舌尖上的微生物

课时学习计划

课题名称：舌尖上的微生物		年级	4 年级	项目类别	学科项目
课时 / 模块 总课时	2/4	设计者	唐庆阳 张珊珊	学校	御峰小学

学习目标					
学习目标		学习目标			素养指向
		通过现实生活的真实体验，培养学生在劳动实践中形成善于发现问题、解决问题的能力			观察能力 与方法
		在进一步试验、探究活动中，学生尝试运用发酵原理制作发酵食品，以形成科学的理性思维习惯和能力			实验设计 与操作
		通过米酒的制作以及在米酒中加入桃花的活动，提高学生动手能力，培养学生的科学探索精神和开拓创新精神			科学探究 的精神
		思维导图			
		课前准备 → 温故知新 → 学习创新 → 活动复盘 · 前置任务 · 思维导图 · 引导回顾 · 总结梳理米酒 制作流程 · 按步骤制作米酒 · 根据喜好创新米酒口味 · 场域清洁 · 完成评价表并 进行反思			

教学流程 / 活动设计	主要环节	学习活动	目标指向 / 评价任务
	情境导入	教师活动：教师布置前置任务，学生查找上一次米酒失败的原因，用于课上交流。布置任务提前收集全校剩余的干净米饭。 学生活动：查找米酒发黄的原因，整理成小报或思维导图。 提前收集食堂剩余米饭 	素养目标：培养学生探究问题、寻求解决问题方法的能力。 评价任务：学生能否总结出米酒发黄的原因
	温故知新	教师活动：通过展示上周劳动成果，引导学生回顾前几次制作米酒的基本过程。 学生活动：根据前面几次活动，梳理总结制作米酒的步骤，即泡、蒸、冷、拌、压、挖	素养目标：培养学生运用调研结果找出解决问题方法的能力。 评价任务：学生能否系统地梳理出制作米酒的步骤

续表

	主要环节	学习活动	目标指向/评价任务
教学流程/活动设计	淬炼创新	①教师将课前准备好的米饭按小组分发给学生，指导学生以小组为单位进行冷却、揉散，全程巡视。 ②指导学生在搅拌过程中加入清洗好的桃花瓣。 ③引导学生称量米饭质量，按比例分步加入酒曲，搅拌均匀。 ④完成封存，等待发酵。 ⑤小组合作完成米酒观察表	素养目标：培养小组成员交流合作能力和协作精神，引导学生在实践中探索知识，发展学生的实践探究能力，让学生在活动中走近科学，体验劳动，懂得生活。 评价任务：学生在实践的过程中能否通过小组合作解决遇到的困难

探究酒曲微生物比例对米酒味道的影响

	甜酒曲组（根霉菌+少量酵母）	白酒曲组（主要是酵母菌和根霉菌）	根霉菌组	酿酒酵母组	大米+甜酒曲组	玫瑰米酒组	火龙果米酒组
周二							
周三(24h)	开第一罐	开第一罐	开第一罐	开第一罐			
周四(48h)	开第二罐	开第二罐	开第二罐	开第二罐			
周五(3d)	开第三罐	开第三罐	开第三罐	开第三罐	可开罐	可开罐	可开罐
周六(4d)	开第四罐	开第四罐	开第四罐	开第四罐			

	主要环节	学习活动	目标指向/评价任务
	活动复盘场域清理	①按照小组人员分工，完成材料整理、器具清洗等场所清洁任务。 ②教师总结学生反思活动中出现的问题；学生完成评价表	素养目标：在学生复盘的过程中培养责任担当的品质。 评价任务：学生能否养成自主清理的习惯，能否发现实践中的问题并给出改正的方案

小组活动评价表

劳动素养	具体内容	非常符合(5分)	比较符合(4分)	基本符合(3分)	不符合(2分)	得分
劳动观念	非常期待并乐意参加米酒制作活动					
	本次活动有意义，受益颇多					
	尊重如食堂阿姨般平凡的劳动者					
	以辛勤劳动为荣					
劳动能力	了解水、米和酒曲是制作米酒的原料					
	知道制作米酒的步骤，如泡、蒸、冷、拌、压等					
	小组分工明确，各尽其责，有序开展活动					
	成员间相处愉快，气氛融洽					
劳动习惯	全程参与米酒制作活动，认真完成					
	遵守课堂纪律，无嬉戏打闹等行为					
	时刻谨记安全第一的原则					
	遇到困难寻求帮助，坚持完成任务					
	实事求是，如实汇报或记录活动中出现的问题					
	活动后保持桌面、地面干净整洁					
劳动精神	无任何浪费食材现象					
	使用的器具都经过消毒，做到严谨科学					
	善于思考和发现问题并提出建议					
	在活动中有自己的想法，有创新之处					

续表

板书设计	
作业设计	学生已经初步掌握米酒的制作技术,我们的酿造技能还可以迁移到葡萄、荔枝、杨梅等果酒的酿造上,辅之以同样的劳动习惯和精神,结合日常生活情境开展传统工艺制作活动。 我们的生活中除了剩饭,肯定还有未吃完的剩菜,或者还没来得及成为美食的"生菜",再不食用就要坏了。这些菜我们又可以怎样处理呢?同学们不妨把酿造工艺"升级",依葫芦画瓢学习一下"泡菜工艺"
课后反思	从劳动问题的发现到劳动主题的确立再到劳动实践体验活动,整个PBL项目式劳动都来源于学生自己的意愿,来源于学生自发的需要,学生在老师的引导下完成了项目实施的全过程。孩子们设想、制订、探究、展示的过程,也是知识掌握、批判性思维与问题解决以及团队合作等深度学习的过程。 虽然在这一系列的过程中,学生对专业劳动技术(发酵技术)的掌握还欠火候,也没有专业技术人员的指导和设施设备,但他们利用身边的劳动工具,选取生活中的材料进行简单的发酵,最终也能完成米酒的制作。 在这一节劳动课中,学生非常乐意并期待参与米酒制作活动,并习得了米酒酿造工艺,逐渐规范劳动习惯和行为,对劳动过程中遇到的问题有好奇心和探究欲望,懂得了以珍惜粮食、勤俭节约为荣

(三)活动大复盘——柿子的花式吃法

课时学习计划

课题名称: 活动大复盘——柿子的花式吃法		年级	3年级	项目类别	学科项目
课时/模块 总课时	2/4	设计者	孙建华	学校	御峰小学
学习目标		学习目标			素养指向
		①通过查阅资料、咨询专业人士、观察总结等多种方式,探寻柿子发霉的原因(从内部、外部,在制作过程中反思、总结)			资料搜集与整理
		②将总结出的发霉原因绘制成思维导图,小组分享汇报并进行头脑风暴:在后续的制作过程中,哪些事项需要格外注意			活动设计与活动反思
		③通过对柿饼制作的反思探究,培养学生自主探索和实验验真的意识,体验劳动探究的乐趣			劳动探究精神

学习目标	思维导图

教学流程 / 活动设计	主要环节	学习活动	目标指向 / 评价任务
	反思复盘 发霉原因	①出示发霉柿子图片与实物，引导学生观察发霉柿子的特点。 ②依据生活经验，分析霉点形成的原因。 ③多途径探索制作过程中柿子发霉的原因。(查阅资料、咨询专业人士、生活经验总结……) ④用自己喜欢的方式将观察结果记录下来	评价点： 霉点形成原因探索，多途径解决问题
	分享汇报 调查结果	①分小组汇报本小组的调查结果。 ②在小组汇报过程中，其他小组仔细聆听并思考：哪些原因是本次柿饼制作失败的关键因素？在后期的柿饼制作过程中，如何避免此类原因的再次产生？ （柿饼制作需要干燥、通风的环境；柿饼削完皮后不能直接用自来水冲洗，也不能用脏手直接触碰，容易滋生细菌）	评价点： 分享汇报的流程及补充思考内容
	头脑风暴 后期注意事项	①针对这次失败，你有怎样的心理感受？ ②针对这次失败后的活动复盘与反思，你有什么不一样的收获？ ③在接下来的柿饼制作实践活动中，你会尤其关注哪些环节？抓住哪些注意事项	评价点： 针对此次活动的感受与收获；总结出后续再次制作柿饼的注意要点

板书设计	

续表

作业设计	"柿子的花式吃法之柿饼制作"作业指南单				
	作业任务群	作业内容	作业建议	素养指向	实施年级	学习支架
	任务1：多途径探索了解柿子	1.通过多种方式（查阅资料、实践观察等），了解柿子以及柿子树；2.将柿子树和柿子的特点绘制出来	1.根据已有方法，多途径了解柿子及柿子树；2.借助绘画，将柿子/柿子树的特点表达出来	跨学科学习	3年级	1.自评量规；2.搜集资料的方法
	任务2：多方齐开智柿饼初制作	1.设计柿子花式吃法的任务表单；2.初次尝试制作柿饼	1.通过收集同学喜好，设计柿子花式吃法任务表单；2.多途径收集柿饼制作资料，自主尝试制作柿饼	信息收集、分析能力	3年级	1.柿子的花式吃法任务表单；2.互评量规
	任务3：家校共反思活动大复盘	1.复盘总结柿饼制作失败的原因，用文字和思维导图形式记录下来；2.总结柿饼制作中的经验	1.复盘初次制作柿饼流程，发现问题，以思维导图的形式记录下来；2.就失败经验提出具体、详细的改进措施	发现问题、解决问题能力	3年级	反思与复盘的思维导图
	任务4：重整再出发柿饼再制作	1.借助反思与经验，再次制作柿饼。2.分享活动感悟	1.通过实践，强化柿饼制作中的关键经验。2.通过表达分享，提升劳动技能，感受劳动价值	劳动技能与劳动价值观	3年级	1.柿饼制作中的关键经验；2.活动分享方式

课后反思	①活动内容紧扣主题，围绕柿饼制作过程中的失败经验，进行活动复盘与反思，再现问题发生的真实情境，突出解决问题的思维与提升反思能力。②活动形式充分体现跨学科学习特点，充分融合各学科核心素养，如科学学科植物生长知识、美术绘画与构图知识、语文资料搜集与整理知识、数学逻辑思维与反思能力以及劳动学科知识技能与情感体验等，通过一项活动提升学生多学科能力。③活动将过程性评价与结果性评价相结合，使得学生在活动中不仅能掌握知识与技能，提升个人综合能力，还能收获富有价值感的情感体验

第二节　跨学科项目案例

一、项目整体设计

(一)玩转回形针 挑战陀螺王

"综合 +" 项目式学习设计

项目名称	玩转回形针 挑战陀螺王	项目类别	跨学科项目		
总课时	3	适用年级	6 年级	设计者	黄婷
				设计学校	弹子石小学

项目概述	本项目以生活中废旧的回形针为原材料,解锁一枚回形针的设计并制作陀螺,挑战转动时间最长的"陀螺王",在此活动中提升学生的设计与规划能力、观察能力以及总结与交流能力。 此项目是一次主题式的项目式学习,学生在活动中需要运用数学中的计算方法、科学中影响转动时长的因素、美学中的对称工艺以及工程与技术中不断设计和改进的方法,该活动属于跨学科的项目式学习	
项目目标	学科素养	数学运算(数学):运用数学公式计算陀螺盘和轴的长度,学会用一枚回形针设计陀螺的外形和计算各部分的长度。 数据分析(数学):学会分析盘和轴的长度,能针对数据找到轴在盘中的具体位置。 科学观念——物质的结构(科学):观察陀螺的外形,学会总结陀螺的盘和轴的结构和特点
	跨学科素养	问题解决、自主学习、沟通合作、实践创新、社会责任
情境问题	创设情境	生活中有许多我们用过的回形针,这些回形针如何被再次回收利用呢?我们可以选择用一枚回形针制作一个可以转动的陀螺,那怎样用一枚回形针,制作一个可以转动的陀螺呢
	驱动问题	如何用一枚回形针制作一个可以转动的陀螺
项目成果	以一枚回形针设计制作一个陀螺,画出设计图并制作陀螺,全班学生"PK",使得制作的陀螺转动时间更久,挑战"陀螺王"	
任务图解		

续表

课程整合 (基于课标)				

主要环节		项目学习活动	设计意图
项目实施	陀螺我设计	本节课是探索以一枚废旧的回形针制作可转动陀螺的驱动型问题,学生通过观察、交流寻找陀螺的外形结构和各部分的位置关系,在真实情境下用一枚长度为 9 cm 的回形针设计并修改陀螺的外形,并结合所学数学公式计算陀螺盘和轴的长度。在核心素养方面,它强化了学生的创新思维和解决问题的能力;在综合实践能力目标上,本节课为学生提供了真实的实践情境,学生学会将理论知识应用于实际,能够综合运用不同学科的知识和方法来解决问题,初步具有设计和规划的能力	提出问题、明确任务;讨论需求、设计方案
	陀螺我制作	本节课学生运用材料和工具参照设计图制作一枚可以转动的陀螺。在制作过程中评价和反思陀螺不能够转动的原因,引导学生思考如何改进陀螺的设计,如调整盘的形状、轴的位置是否在中心、制作工艺是否规范等。在核心素养上,学生的创新思维、解决问题和动手实践的能力得到提升;在综合实践能力目标上,学生在不断设计制作改进过程中使陀螺能够转起来,体验了工程建造的一般过程,具有发现问题并解决问题的能力	制作和测试:学生能够制作一个可以转动的陀螺并分析原因
	陀螺大比评	本节课学生将每一组制作的陀螺进行评比,评比时间最长的就是班级"陀螺王",学会运用数据分析陀螺各个部分的结构对旋转时间长短的影响,从而培养学生的科学思维和实验能力,鼓励学生合作和交流,寻找延长旋转时间的方法,并用增加材料、改变形状、添加文字或添加图案的方式创意制作"中国龙"陀螺。学生在不断设计、修改、制作、完善的过程中共同解决问题。在核心素养上,通过培养学生的团队合作和沟通能力,学生具有实践和创新精神;在综合实践能力目标上,学生通过实践活动具有分析问题、运用所学知识来解决问题的能力	评价与反思:学生能评价并分析陀螺结构对陀螺旋转时间的影响

续表

项目反思	 **育人价值** 项目式学习以学生为中心，教师的角色是学习的设计者、支持者和引导者，以激发学生学习的内驱力。学生在活动中看着自己的动态变化，有实践育人的价值	**解决问题** 项目式学习的核心是解决实际问题。学生需要运用所学知识，结合实际情况，提出解决方案。这种学习方式有助于培养学生的解决问题的能力和实践能力	**创新能力** 在学习过程中，学生需要发挥创新精神，提出新颖的想法和解决方案。这种学习方式有助于培养学生的创新能力，让他们在面临挑战时能够积极探索、勇于创新

（二）摆摊"80"——我是社区集市摆摊人

"综合+"项目式学习设计

项目名称	摆摊"80"——我是社区集市摆摊人		项目类别		跨学科项目
总课时	6	适用年级	6年级	设计者	文宜
项目概述	本项目让学生尝试借助摆摊的形式向社区居民宣传学校的戏剧文化，以进社区实地摆摊为真实问题情境，学生在活动中学会活动策划与实施，将学校的戏剧文化真正带进社区，传承传统文化，守护传统文化				
项目目标	学科素养	勇于探究，表达交流。借助生活经验、交流表达探究策划摆摊的主要要素，体验活动策划的过程与方法。 分工合作，问题解决。共同制订评价标准，通过小组合作策划，呈现摆摊方案，并不断优化方案，感受团队合作的力量。 责任担当。通过"戏剧文化进社区"活动的策划，学生能增强积极参与学校和社区生活的意愿，服务社区，树立传承与发扬传统文化的责任担当意识			
	跨学科素养	规划能力。通过"戏剧文化进社区"的活动策划，学生能学习活动方案的基本结构，明白做事要有目的。 设计能力。学生学会设计活动步骤，能分解问题的要素和关系。 总结与交流的能力。在方案的交流中，学生要学会总结与反思的方法，具有总结与反思的能力，能够进行成果总结与表达			
情境问题	创设情境	根据社区特点，启发学生将校园内的特色——戏剧文化与当前流行的摆摊形式相结合，由社区集市的摆摊人进行传统文化的宣传			
	驱动问题	如何使学校的文化特色和戏剧文化走进社区			
项目成果	策划"戏剧文化进社区"的实地摆摊活动方案，体验活动策划的过程与方法，能结合学校戏剧文化的特色，完成实地摊位的布置与宣传，树立传承与发扬传统文化的责任担当意识				

续表

任务图解	畅想 "80"	游在 "80"	探秘 "80"	了解 "80" 街的历史和现状	制作旅行沙盘、模型
			打卡 "80"	了解最受欢迎的打卡点	
			游在 "80"	做旅游路线规划	
		食在 "80"	寻味 "80"	实地调查、记录,评选 "80" 美食	绘制美食地图,探店调研报告
			问味故事	采访、调研并记录 "80" 美食 "红" 的秘密	
			创味尝味	学习制作一道自己喜欢的美食并与同学分享	
		寻宝 "80"	老物件之链接过去	查阅资料,老物件展	为老物件策展
			老物件之链接现在	为老物件建档并策展	
			老物件之链接未来	老物件创新策展	
		唱响 "80"	寻声 "80"	寻找80年代最具有代表性的音乐	制作80年代乐单与故事集,并设计一次家庭音乐会
			声音的故事	采访、收集80年代的音乐故事和相关小物件	
			时光音乐会	创编 "80" 主题曲,开家庭音乐会	
		服务 "80"	时代定位	社区调研	让学生进行职业体验,服务 "80" 街
			具体规划	听证大会	
			未来发展	居民大会	
		摆摊 "80"	摆什么	确定摆摊的戏剧产品	方案策划,实地摊位的设计与宣传
			在哪摆	选择摆摊的地址	
			怎么摆	摊位设计与宣传	

课程整合

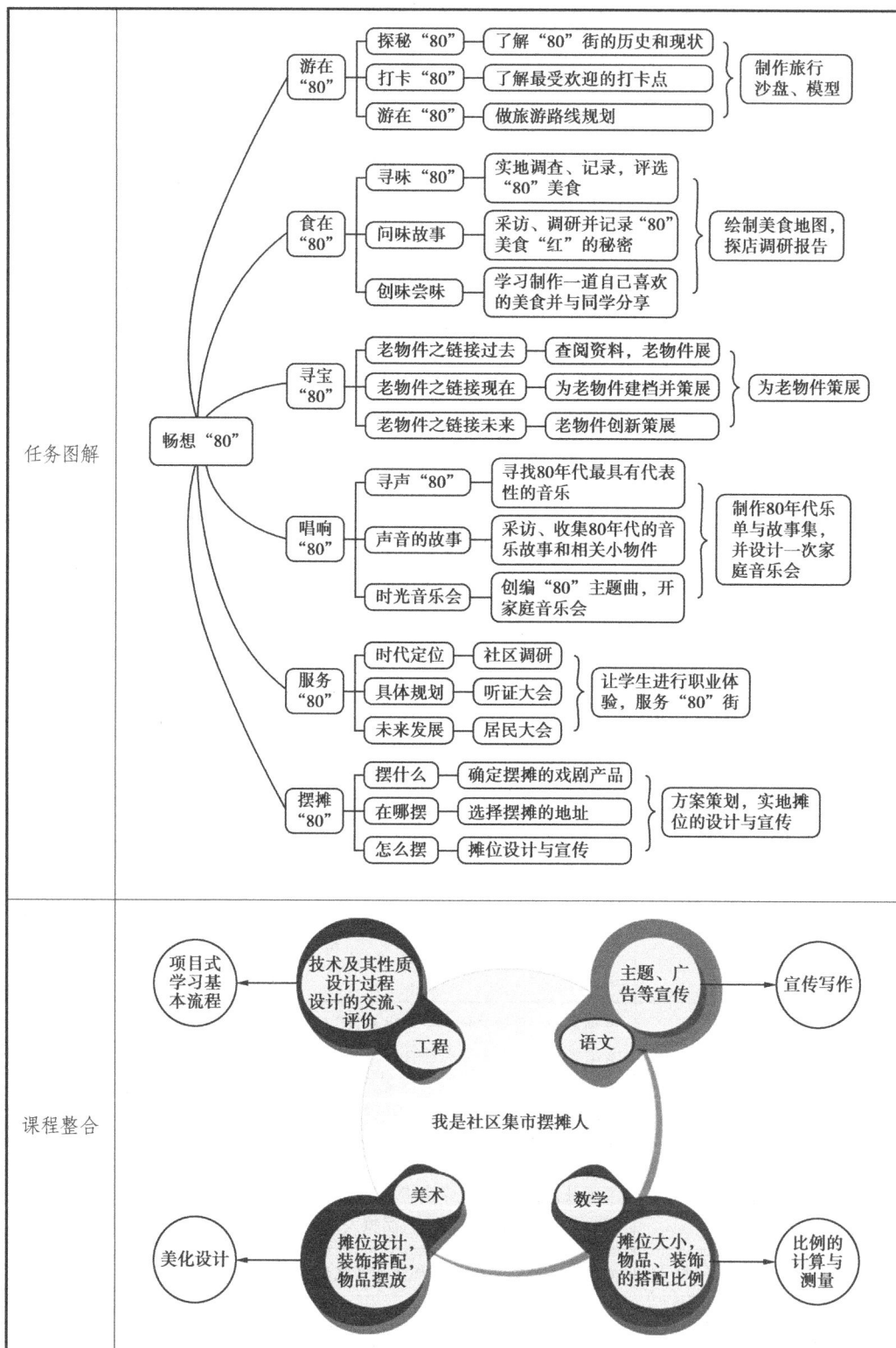

我是社区集市摆摊人

	项目主题	项目内容	项目产品
项目实施	游在"80"	本项目主题是游在"80"。通过三个活动,活动1"探秘80",让学生了解"80"街的历史和现状;活动2"打卡80",让学生了解最受欢迎的打卡点;活动3"游'80'"街,让学生做旅游路线规划,来完成游在"80"的主题任务	制作"80"街的游览沙盘与模型
	食在"80"	本项目主题是食在"80",通过三个活动,活动1询问"80",让学生实地调查,评选出"80"美食;活动2寻味故事,让学生采访、调研并记录相关美食"红"的秘密;活动3让学生学习制作自己喜欢的美食并分享,来完成食在"80"的主题任务	绘制美食地图,探店调研报告
	寻宝"80"	本项目主题是寻宝"80",通过三个活动,活动1"老物件之链接过去",让学生查阅资料,开展老物件展;活动2"老物件之链接现在",让学生为老物件建档并策展;活动3"老物件之链接未来",让学生为老物件创新策展,来完成寻宝"80"的主题任务	策展老物件
	唱响"80"	本项目主题是唱响"80",通过三个活动,活动1"寻声'80'",让学生寻找80年代最具有代表性的音乐;活动2"声音的故事",让学生采访、收集80年代的音乐故事和相关小物件;活动3"时光音乐会",让学生创编"80"主题曲,开家庭音乐会,来完成唱响"80"的主题任务	开"80"家庭音乐会
	服务"80"	本项目主题是服务"80",通过三个活动,活动1"时代定位",让学生走进社区进行实地调研;活动2"具体规划",结合调研,进行听证大会;活动3"未来发展",开办一场居民大会,来完成服务"80"的主题任务	让学生进行职业体验,服务"80"街
	摆摊"80"	本项目主题是摆摊"80",通过三个活动,活动1"摆什么",让学生确定摆摊的戏剧产品;活动2"在哪摆",让学生学会选择合适的地址;活动3"怎么摆",让学生对摊位进行设计与宣传,来完成"摆摊'80'"的主题任务	方案策划,实地摊位的设计与宣传
项目反思			

紧扣主题,提升高阶思维

在设计、宣传传统文化的摆摊活动中,学生可以通过创新思维和创造性的方式展示传统文化,从而发展学生的创新思维和创造力

增加社会参与,培养责任意识

社区摆摊宣传传统文化的活动,能促进学生对多元文化的认知和尊重,从而使他们具备一定的社会责任感

注重自主发展,提升核心素养

学生在社区摆摊宣传传统文化的过程中,通过与社区居民交流,了解他们对传统文化的认知和需求,并根据其反馈进行相应的调整和宣传策略,不仅能培养学生合作与交流能力,也能促进其核心素养的提升

（三）我是故宫文物南迁策展人

单元主题项目学习计划

项目大主题	我是故宫文物南迁策展人		项目类别		跨学科项目		
课时计划	4	年级	5 年级	设计者	陶源	王海绮	赖德莉
项目总目标	学科大概念：策展人思维						
	①通过信息搜集，学习故宫文物南迁历史，丰富文博知识。 ②开展需求调研，进行结果统计分析，促进学生在真实情境中，学会沟通与合作，提升分析问题的能力。 ③通过实地探访，培养学生策展人思维。 ④开展创意设计，通过对故宫文物南迁纪念展的设计，学生在实践中的创新能力及解决问题的能力得以增强。学生文化自信得以提升，肩负起传承文化的重任						
创设大情境	6月11日，重庆故宫文物南迁纪念馆开业了。为了让更多的人了解故宫文物南迁纪念馆，了解那段故宫文物南迁的伟大历史，故宫南迁纪念馆将举办故宫文物南迁纪念展，现在向全体同学征集故宫文物南迁纪念展的策展方案。作为小小策展人，我们如何设计一次故宫文物南迁纪念展呢						
准备课：确定项目子任务	通过引入情境、提出驱动性问题，并带领学生进行头脑风暴，之后学生能够运用思维导图从不同角度分解驱动性问题，并能归纳出2～4种关于驱动性问题值得探究的子任务。学生进入到问题解决的情境中，能有主动探索的内动力，思考项目的大方向，能将驱动性问题和自身产生联系，培育大的格局观						
任务图解							
课程整合 （基于课标）							

续表

环节任务	课时	目标指向	学习活动（内容）	评价设计
任务一： 故宫文物南迁路线图我绘制	1	通过绘制故宫文物南迁路线图，培养学生搜集与处理信息的能力以及调查与访问的能力	通过问卷调查与访谈、上网查资料及实地探访故宫文物南迁纪念馆等一系列活动，引导学生在了解故宫文物南迁的历史及现状的基础上，正确完成故宫文物南迁路线图的绘制	①小组合作完成问卷调查的数据整理与研究报告的撰写。 ②小组合作完成故宫文物南迁路线图的绘制
任务二： 故宫文物南迁纪念展我设计	1	通过对策展人的了解及故宫文物南迁纪念展设计图的绘制，提升学生规划及设计的能力	①走进三峡博物馆，参观主题展，记录并思考你所见到的"布展"，了解策展人的工作。 ②在老师的帮助下完成故宫文物南迁的策展计划表，最后根据策展计划表绘制故宫文物南迁纪念展的设计图。 ③小组合作	通过对策展人工作的了解，小组能够完成故宫文物南迁纪念展的计划表的制定和设计图的绘制
任务三： 故宫文物南迁纪念展我制作	1	培养策展人思维，引导学生借助材料设计布展内容，并进行现场小型纪念展布展，锻炼学生处理信息、动手设计制作等方面的能力	①教师引导学生利用现有的材料合作完成立体展厅的布置。 ②小组合作。 ③学生围绕评价标准进行互评，并请专家进行点评。 ④根据专家的意见对小型纪念展进行改进。 ⑤为最后的竞标会做准备，比如PPT的制作，介绍词的准备等	学生能合作完成立体展厅的布置，并能进行改进
任务四： 故宫文物南迁纪念展我竞标	1	能按照一定的逻辑顺序说清楚故宫文物南迁纪念展的方案设计与小型纪念展布展的特点	开展故宫文物南迁纪念展的方案竞标会，学生分组介绍自己的方案和立体展厅，能做到介绍有条理、有细节、有创新	能完成方案和立体展厅的整体介绍，能有条理地介绍，清晰地表达

我是故宫文物南迁策展人

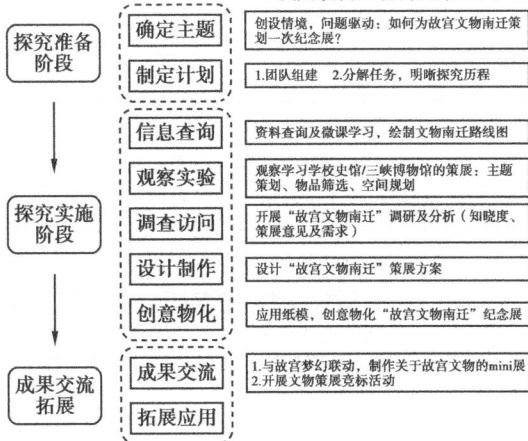

二、课时实施设计

(一)陀螺我设计

"综合＋"项目学习课时计划

课题名称:	陀螺我设计	年级	6年级	项目类别	跨学科项目
课时/模块总课时	1/3	设计者	黄婷	学校	弹子石小学校

	学习目标	素养指向
学习目标	通过观察各类陀螺的结构,掌握陀螺的基本组成部分和各部分的位置关系	观察能力与方法
	在小组合作设计陀螺活动中,初步具有规划设计和动手实践的能力	设计与规划能力
	通过修改陀螺的外形设计图,能运用数学知识计算盘和轴的长度,能结合设计要求评价各组陀螺的设计	实践与探究的精神

教学流程/活动设计	教学流程		
	陀螺我设计		
	主要环节	学习活动	设计意图
	真实情境、提出问题	①真实情境:生活中有许多我们用过的回形针,这些回形针如何被再次回收利用呢?我们可以选择用一枚回形针制作一个可以转动的陀螺,那怎样用一枚回形针,制作一个可以转动的陀螺? ②提出问题:用废旧的一枚回形针来制作一个陀螺,比一比谁制作的陀螺旋转时间最长?旋转时间最长者就是本班的"陀螺王"	评价点:提出问题、明确任务

	主要环节	学习活动	设计意图
教学流程 / 活动设计	活动1: 观察陀螺、讨论需求	①制作这样的陀螺,你需要做哪些准备?陀螺的制作方法、观察陀螺的结构和特征、陀螺的组成部分。 ②观察陀螺的结构,讨论交流并寻找陀螺的外形结构。陀螺的两部分:盘和轴。 ③分小组观察陀螺,交流发现陀螺外形的特点。 盘:圆形、三角形、正方形(对称、多边形); 轴:直的、围绕轴旋转,轴在盘的中心位置(重心)。 ④交流讨论:旋转的盘和轴是垂直的位置关系。 a.盘形状对称、多样; b.轴在盘的中心; c.盘和轴相互垂直	评价点: 讨论需求,学生能针对问题提出针对性的解决方案
	活动2: 设计陀螺	①活动任务:根据回形针的长度设计一个可以旋转的陀螺。 ②活动要求: a.回形针拉长长度为9 cm; b.以1根回形针为材料设计一个符合外形特点的陀螺; c.画出盘的形状(平面图),标出轴的位置; d.思考:怎样确定轴在盘的中心位置?③小组设计(两端的轴固定1 cm),教师每组巡视,观察指导陀螺外形的设计	评价点: 学生能按照要求设计一个结构完整的陀螺(旋转的盘和轴)
	活动3: 展示与交流	①分享设计图。 ②展示与交流。 a.你是怎么想的?是否符合陀螺的特征? b.遇到怎样的问题?怎么解决?(其他组有没有问题一起来解决) 教师追问:为什么这么设计? 预设:受力均匀、保持平衡。 ③改进优化自己的设计图。 改进盘和轴的长度和外形;运用圆、三角形、正方形的周长公式设计盘和轴的长度;满足盘对称的结构。 ④评价:怎样精确地设计陀螺? 预设:对照观察设计的陀螺外形,标出各部分长度	评价点: 学生能够展示、交流、评价、改进设计的陀螺

续表

板书设计	陀螺我设计 盘：对称 形式多样（圆） 陀螺{ 轴：直 在盘中心 （垂直） 设计：1回形针　盘的形状　轴的位置

<table>
<tr><td rowspan="4">作业设计</td><td>作业任务群</td><td>作业内容</td><td>作业要求</td><td>适应年级</td></tr>
<tr><td>任务一：画一画转动的陀螺</td><td>以"转动陀螺"为主题画一幅画</td><td>图文并茂，色彩搭配合理</td><td>1—2年级</td></tr>
<tr><td>任务二：做一做转动的陀螺</td><td>以回形针为材料制作一个可以转动的陀螺</td><td>查阅资料，了解陀螺结构；
视频展示制作的陀螺</td><td>3—4年级</td></tr>
<tr><td>任务三：比一比转动的陀螺</td><td>比一比转动时间，制作转动时间更长的陀螺</td><td>班级内评比转动时间，搜集整理转得久的原因</td><td>5—6年级</td></tr>
</table>

课后反思	

（二）陀螺我制作

课题名称：	陀螺我制作	年级	6年级	项目类别	跨学科项目
课时/模块总课时	2/3	设计者	黄婷	学校	弹子石小学校

<table>
<tr><td rowspan="4">学习目标</td><td colspan="2">学习目标</td><td>素养指向</td></tr>
<tr><td colspan="2">通过参照设计制作陀螺，学会正确使用工具和材料制作一个陀螺，具有动手实践能力</td><td>动手实践</td></tr>
<tr><td colspan="2">在小组内讨论制作的陀螺无法转动的原因，从盘、轴的角度分析原因并寻找解决办法</td><td>问题解决</td></tr>
<tr><td colspan="2">改进陀螺的盘和轴，体验在不断设计制作改进过程中使陀螺能够转起来，知道工程建造的一般过程</td><td>实践与探究的精神</td></tr>
</table>

教学思路

主要环节	学习活动	目标指向/评价任务
教学流程/活动设计 活动1:制作陀螺	①改进后的设计图: 精确的设计,需要计算各部分的长度(以轴的长度为1 cm设计)。 ②制作材料: ③活动要求: a.根据设计图,用1枚回形针制作1个陀螺; b.根据回形针盘和轴的总长9 cm,用尺子测量每一段,用笔标记后制作; c.先制作盘的形状,再制作轴和盘连接这段。 温馨提示:实验中正确使用尖锥钳,注意安全! ④教师巡视指导,指导每一组制作陀螺:	评价点:学生参照设计图,运用材料制作一个陀螺

续表

教学流程／活动设计	活动2：展示与评价	①展示与交流制作的陀螺，徒手旋转看看能不能转动起来。 ②讨论交流：不能转起来的原因是什么？ ③梳理原因： a.重心不稳：轴不在盘的中心； b.制作工艺不规范； c.不平衡：盘不是对称图形？制作的工艺不规范？ ④小组讨论并提出改进策略	评价点：学生能够参照设计图制作陀螺；能说出制作的陀螺不能转动的原因
	活动3：我的改进	①提出改进策略：盘中心对称、盘的质量均衡、盘和轴垂直、轴在盘的中心位置。 ②学生小组活动： a.修改我的陀螺，让制作的陀螺能够转起来； b.修改方法：制作过程中，盘要制作对称、轴要制作在中心位置、制作时盘和轴能够连接起来。 ③小组内尝试转动陀螺，将陀螺转起来。 ④学生再次展示作品，转动陀螺。 ⑤小结：不断设计制作改进的过程也是工程建造的过程	评价点：学生能够展示、交流、评价和改进设计的陀螺，使得陀螺能够转起来
板书设计	陀螺我制作 陀螺—制作—转动 重心稳：轴在盘的中心 平衡：盘对称图形、制作工艺规范		
课后反思			

(三) 陀螺我评比

课题名称:	陀螺我评比	年级	6年级	项目类别	跨学科项目
课时/模块总课时	3/3	设计者	黄婷	学校	弹子石小学校

<table>
<tr><td rowspan="5">学习目标</td><td colspan="4" align="center">学习目标</td><td>素养指向</td></tr>
<tr><td colspan="4">学会分析陀螺各个部分的结构对旋转时间长短的影响, 能够发现问题并寻找解决问题的方法</td><td>解决问题的能力</td></tr>
<tr><td colspan="4">通过改变轴的高度观察陀螺转动时间的长短, 分析陀螺轴高矮对陀螺转动平衡性的影响, 找到增加时长的方法</td><td>设计与规划能力</td></tr>
<tr><td colspan="4">通过小组合作制作创意的"中国龙"陀螺, 在不断设计、修改、制作、完善的过程中体会工程设计的一般过程</td><td>实践与探究的精神</td></tr>
<tr><td colspan="5" align="center">教学思路</td></tr>
</table>

	主要环节	学习活动	目标指向/评价任务
教学流程/活动设计	活动1: 比一比哪组陀螺转得久	①时间挑战: 每一组用制作的陀螺参与挑战, 看看哪一组制作的陀螺是我们班的"陀螺王"。 ②评价: 旋转时间的长短和哪些因素有关系? ③反思: a. 圆盘的形状; b. 轴的位置; c. 制作工艺; d. 轴的高度。 ④思考: 轴的高度对陀螺转动有什么影响呢? ⑤改进陀螺, 活动要求: a. 小组成员: 从圆盘的形状要标准(对称)、轴在中心位置、制作工艺要标准等来改进自己的陀螺; b. 其他因素不变, 降低陀螺轴的高度, 观察陀螺转动的时间长短。 ⑥再次测试时间, 观察、交流发现增加转动时间的方法: a. 圆盘的形状要标准(对称); b. 轴在中心位置; c. 制作工艺要标准; d. 轴的高度降低, 重心更稳 	评价点: 学生记录时间, 分析原因, 说出影响因素

续表

教学流程/活动设计	活动2:创意陀螺大比评	①改变陀螺的材料或者形状,制作创意陀螺,比一比谁的陀螺既美观又转得更久。②添加文字或者图案,以"中国龙"为装饰,制作创意陀螺,比评时间。反思:③全班分享在制作创意"中国龙"陀螺过程中遇到的困难和解决办法	评价点:学生能运用生活中的材料制作创意陀螺
板书设计		陀螺我评比 轴的高度　转动时间 我的发现: 降低轴的高度,陀螺可以转得更久	

作业设计	作业任务群	作业内容	作业要求	适应年级
	任务一:画一画转动的陀螺	以"转动陀螺"为主题画一幅画	图文并茂,色彩搭配合理	1—2年级
	任务二:做一做转动的陀螺	以回形针为材料制作一个可以转动的陀螺	查阅资料了解陀螺结构;视频展示制作的陀螺	3—4年级
	任务三:比一比转动的陀螺	比一比转动时间,制作转动时间更长的陀螺	班级内评比转动时间,搜集整理转得久的原因	5—6年级

课后反思	

(四)摆摊"80"——我是社区集市摆摊人

"综合+"项目学习课时计划

课题名称:摆摊"80"——我是社区集市摆摊人		年级	6年级	项目类别	跨学科项目
课时/模块总课时	6/6	设计者	文宜	学校	南坪实验小学
学习目标		学习目标			素养指向
		结合集市经济热点,借助生活经验、交流表达,探究策划摆摊的主要要素,体验活动策划的过程与方法			勇于探究表达交流
		共同制订评价标准,小组合作策划与呈现摆摊方案,不断优化方案,感受团队合作的力量			分工合作问题解决
		通过"戏剧文化进社区"的活动策划,增强学生积极参与学校和社区生活的意愿,以及服务社区和树立传承与发扬传统文化的责任担当意识			责任担当

学习目标	教学思路

摆摊"80"
- 摆什么 → 戏帽 / 云肩 / 脸谱 / …… ⟶ 确定摆摊的戏剧产品
- 在哪摆 → 人流量大 / 便于文化传播 ⟶ 选择摆摊的地址
- 怎么摆 → 居民需求 / …… ⟶ 结合产品的摊位设计与宣传

教学流程／活动设计	主要环节	学习活动	目标指向／评价任务
	任务驱动	①聊校区特色引出主题。 出示校园文化图片,引出戏剧主题。 师:亲爱的同学们,走进校园,老师就被深深地吸引。瞧,这国画,这团扇,这书法,处处都彰显着传统文化的魅力。 ②提出大任务:让戏剧文化进社区,做社区集市摆摊人。 师(出示皮影、川剧、京剧等图片):皮影、川剧、京剧等,都是我们的国粹——戏剧,传承与发扬中国的戏剧文化,是我们义不容辞的责任。今天,就让我们运用集市摆摊的方式,去社区推广戏剧文化,让戏剧文化走进社区	树立传承与发扬传统文化的责任意识
	探究要素	活动1:探究要素 ①问题导向,解析摆摊要素。 师生问答,讨论去集市摆摊需要考虑的三大因素与要求。 师:同学们,去集市摆摊,我们要考虑哪些因素呢? 小结:看来你们对摆摊非常了解。的确,去集市摆摊,要考虑的因素很多,但我们最关注这三大要素:摆什么内容?选择什么地方摆?用哪些形式摆? ②思辨梳理,制定标准。 a.摆什么:脸谱、戏帽等戏剧产品。 b.在哪摆:人流量大,便于文化传播的地方。 c.怎么摆:对应居民需求。 师:同学们,不管你怎么摆,我们都要紧扣"戏剧文化进社区"这个主题,彰显戏剧文化传统	结合当前集市经济热点,明确"摆摊"三要素,制定评价标准
	策划方案	活动2:策划方案 ①小组合作,形成摆摊方案。 师:我是社区集市摆摊人,接下来,让我们运用思维导图进行方案的策划。活动要求:小组合作设计方案,并用关键词书写在KT板上,时间5 min。 ②展评修改,制定优化标准。	能紧扣戏剧文化主题,对应居民需求,有创意地设计"戏剧进社区"活动方案

续表

教学流程／活动设计	策划方案	小结：设计方案时我们要关注摆摊的三大要素：摆什么、在哪摆、怎么摆；体现对应需求、文化彰显、创意设计	
	展评完善	活动3：呈现方案 ①小组合作，摆摊准备。 师：现在是我们大显身手的时候了，让我们一起来现场摆摊，呈现我们的方案。提醒同学们：分工合作，人人有事做。一边优化方案，一边现场摆摊 ②应用标准，展示评价 	能紧扣戏剧文化这一主题，对应居民需求，有创意地呈现"戏剧进社区"活动方案
	迁移运用	①回顾策划过程。 师：今天，我们先从任务出发，探究摆摊三要素，再进行方案策划，最后用现场摆摊的方式呈现方案。 ②延伸生活，做传统文化的传承人。 师：对应需求、彰显文化，有创意地去策划集市摆摊，我们既是集市摆摊人，也是文化传承人，更是文化创新人。接下来，我们将走进社区，实施我们的方案	增强学生积极参与学校和社区生活的意愿，服务社区
板书设计			
作业设计		优化"戏剧文化进社区"活动方案，合作完成实地摆摊	

续表

课后反思	紧扣主题，提升高阶思维。在设计、宣传传统文化的摆摊活动中，学生可以通过新思维和创造性的方式展示传统文化，从而发展学生的创新思维能力。增加社会参与，培养责任意识。通过社区摆摊宣传传统文化的活动，能促进学生对多元文化的认知和尊重，从而具备一定的社会责任感。注重自主发展，提升核心素养。学生在社区摆摊宣传传统文化的过程中，通过与社区居民交流，了解他们对传统文化的认知和需求，并根据其反馈相应地调整宣传策略，不仅能培养学生合作与交流能力，也能促进其核心素养的提升

（五）我是故宫文物南迁策展人——故宫文物南迁路线图我绘制

课时学习计划

课题名称: 我是故宫文物南迁策展人——故宫文物南迁路线图我绘制	年级	5 年级	项目类别	跨学科项目
课时/模块总课时 1/4	设计者	陶源 王海绮 赖德莉	学校	龙门浩隆平小学校

学习目标	学习目标		素养指向
学习目标	通过了解背景、实地探访、问卷调查与访谈等方式了解故宫南迁的现状及过去的历史，丰富文博知识		观察能力与方法
	能够根据搜集到的信息完成南迁路线图的绘制		实验设计与操作
	在独立学习与小组合作的活动中,培养学生搜集与处理信息的能力以及调查与访问的能力		科学探究的精神
	提示: 目标应与学科素养对接关联		

教学流程/活动设计	主要环节	学习活动	目标指向/评价任务
教学流程/活动设计	情境引入	学校周边的场馆资源　　2021年重庆故宫文物南迁纪念馆开馆 ①回顾准备课时关于驱动性问题分解任务，明确本课的活动内容为收集和了解故宫南迁的历史资料，丰富文博知识。②了解故宫文物南迁历史。a.播放故宫文物南迁历史视频。	复习旧知,链接新知。 观看视频,激发学生探索的兴趣

续表

教学流程／活动设计	情境引入	b.讨论：看了这段故宫文物南迁历史的介绍,你们有什么感想? ③揭示课题。 今天,就让我们一起走进故宫文物南迁纪念馆,去揭开它的神秘面纱吧	
	提出问题	作为资料搜集员,我们可以通过哪些方式或途径去搜集和了解故宫南迁的历史呢	提出问题,引发学生的思考
	小组合作	①学生分小组合作学习,分为上网查阅组、实地探访组、问卷调查访谈组。 **我是故宫文物南迁策展人问卷调查** 您好: 　我们是龙门浩隆平小学"故宫文物南迁策展"项目组成员,诚邀您参与关于故宫文物南迁的调查,我们将对您的信息进行保密,谢谢参与。 1.您来自哪里? (　　　) 2.您的年龄? (　　　) 3.您知道故宫文物南迁的历史吗? 　A.知道　　B.不知道 4.您知道重庆有故宫文物南迁纪念馆吗? 　A.知道　　B.不知道 5.如果您想了解故宫文物南迁历史,您想了解哪一方面的内容? 　A.路线　　B.文物类别　　C.南迁路上护宝人的故事 6.您愿意去故宫文物南迁纪念馆参观吗? 　A.愿意　　B.不愿意 **故宫文物南迁线路——中路路线轴** ②每个小组根据自己的任务,利用 kwl 表完成对故宫文物南迁历史和现状资料的搜集和整理。	小组合作,锻炼学生处理信息、动手制作的能力

续表

教学流程／活动设计	小组合作	"我是故宫文物南迁纪念馆策展人"资料收集整理 KWL 表			在活动中能发现问题并解决问题,能及时总结经验

你知道了什么?	你还想知道什么?	你学到了什么?
我知道故宫文物南迁路线大致分为三路,重庆属于中路	我想知道这一路上遇到了哪些困难	我学会了如何获取信息,还具备了处理信息的能力

③在资料整理的基础上,小组完成故宫文物南迁线路图的绘制

故宫文物南迁线路——中路路线纵轴

①每个小组分别展示自己收集整理的资料,以及故宫文物南迁的路线图。

上网查阅组:展示故宫文物南迁的资料集、故事集、文物集、相片集。

实地探访组:展示探访故宫文物南迁纪念馆的过程。整理关于故宫文物南迁纪念馆的文博知识题,并能现场进行故宫文物南迁知识竞答。

"故宫文物南迁"调查问卷分析

问卷调查访谈组:出示问卷调查访谈结果,利用数据对结果进行分析。

"故宫文物南迁"调查问卷分析

南迁守护人	37.5%
南迁文物	63.2%
南迁故事	48.6%

②专家(教师)点评

梳理归纳	①学生归纳总结查找资料的方法路径,并能迁移运用。②合作探讨故宫南迁线路图的绘制要点	能够进行成果总结与表达

交流与提升

续表

板书设计	
作业设计	①完成调查问卷、KWL 表。 ②能用不同形式创意绘制故宫文物南迁路线图
课后反思	

（六）我是故宫文物南迁策展人——故宫文物南迁纪念展我设计

课时学习计划

课题名称：我是故宫文物南迁策展人——故宫文物南迁纪念展我设计	年级	5 年级	项目类别	跨学科项目
课时/模块总课时	2/4	设计者	陶源　王海绮 赖德莉	学校	龙门浩隆平小学校

学习目标	学习目标		素养指向
	实地探访三峡博物馆，记录并思考策展人的工作		观察能力与方法
	了解策展人的工作，并能完成策展计划表以及故宫文物南迁纪念展的布展设计图		实验设计与操作
	鼓励学生走进博物馆，增强文化自信，培养学生规划与设计的能力		科学探究的精神

教学流程/活动设计	主要环节	学习活动	目标指向/评价任务
	情境引入	情境创设：同学们第一次策划纪念展，你们有什么问题吗？为了更好地为故宫文物南迁策展，让我们一起走进三峡博物馆，去了解策展的相关知识吧！	创设情境，让学生带着疑问去参展
	实地学习策展人的工作内容	①走进三峡博物馆，实地参观主题展馆，借助调研手册记录并思考所见到的主题展馆布展。一边参观，一边学习策展人的工作内容。 ②梳理策展人的工作： a.主题策划； b.物品布展； c.空间规划 	通过实地参观，学生明确策展人的具体工作内容，对策展人有了初步了解

续表

| 教学流程 /
活动设计 | 进一步细化策展人工作 | 1.主题策划
①现在已经确定主题是故宫文物南迁,今天我们就利用纸盒做一个故宫文物南迁的迷你展。
②请同学们为自己的展览取个响亮的名字,让我们的南迁主题更鲜明!

③要突出南迁主题,我们在布展时还应用各种形式来展示南迁路线轴,营造氛围。
2.筛选物品
①出示老师提供的材料,物品是策展的重点,可是,南迁的展品这么多,是不是每个物品我们都要选择呢?

(预设:学会筛选物品,要选择符合主题、有价值的物品。)
②根据主题,我们选择哪些物品更合适呢?

(预设:人、事、物)
③(分发材料)小组交流1 min,讨论选择什么物品。
④总结:面对各种物品,我们需要筛选符合我们主题展览的物品,这就是"筛选物品"。
3.空间规划
①策展人还要进行空间规划,请小组讨论,完成我们的展馆空间设计方案图。
②还可以怎么更好地利用空间?
③学习真实的策展案例,从中感受策展的创意表达 | 主题是策展的灵魂,确定展览的主题。

物品是策展的重点,学会筛选物品并进行策展,表达形式多样化。

空间是策展的表演舞台,学习空间要进行合理规划、合理布局 |

续表

教学流程/活动设计	进一步细化策展人工作		
	交流与提升	①小组合作,引导学生完成故宫文物南迁纪念展的策展计划表和设计图,简述设计想法。 **故宫文物南迁纪念展的策展计划表** 主题名称: 展品清单: 展览呈现形式: **故宫文物南迁纪念展设计方案** 展览名:_____ 我们的展馆设计图: 	在活动中能发现并解决问题,能及时总结经验

续表

教学流程 / 活动设计	交流与提升	②专家(教师)点评。 ③根据点评,完善设计方案	
	展示交流	①小组交流,总结收获。 ②提出想法与建议,为下节课的学习奠定基础	表达与倾听,拓宽学习思维
板书设计		我是故宫南迁文物策展人 策展——主题策划 　　　物品布展——✔ 人、事、物 　　　空间规划 主题鲜明 规划合理 创意表达	
作业设计		①填写博物馆调研手册。 ②利用手绘、剪贴、手账等形式完善故宫文物南迁纪念展的设计图	
课后反思			

(七) 我是故宫文物南迁策展人——故宫文物南迁纪念 mini 展我制作

课时学习计划

课题名称: 我是故宫文物南迁策展人——故宫文物南迁纪念 mini 展我制作		年级	5 年级	项目类别	跨学科项目
课时 / 模块 总课时	3/4	设计者	陶源　王海绮 赖德莉	学校	龙门浩隆平小学校
学习目标	学习目标				素养指向
	通过职业体验,了解展览策划的知识。学习优秀策展案例,使学生具备展览思路				观察能力与方法
	在活动中,引导学生根据布展内容,制作布展模型,锻炼学生统筹处理信息、动手制作等多方面的能力				实验设计与操作
	通过制作布展模型,培养学生策展思维以及团队协作能力,使其成为有想法、能表达、能展示自己想法的人				科学探究的精神
	提示:目标应与学科素养对接关联				

续表

	主要环节	学习活动	目标指向/评价任务
教学流程/活动设计	情境引入	梳理策展人工作,明确上一节课完成了哪些工作,确定本课的活动内容。(已完成展览计划表、展厅设计图)	复习旧知,引出本课的活动内容
	学习优秀策展案例	①出示展厅实景策展照片。②引导学生观察策展照片,探讨制作展厅模型遇到的问题,并讨论解决方法。③针对展厅模型制作,引导学生交流自己的想法。④出示其他班级的作品,为大家完成作品提供参考	学习真实的策展案例,从中感受策展的创意表达
	展览制作	①出示任务:小组合作制作一次故宫文物南迁纪念展。②出示策展要求:a.小组合作完成迷你展;b.合理规划空间,物品布置须包含文物;c.展览须包含故宫文物南迁路线,并完成创意表达。③出示展览标准:主题鲜明、规划合理、完成创意表达。④学生小组合作,进行小型布展	小组能合作完成一次模拟展览,锻炼学生处理信息、动手制作的能力
	交流与提升	①小组间成员互相分享策展思路。②专家(教师)点评。③根据点评,优化和完善展厅布置	在活动中能发现问题并解决问题,能及时总结经验
	展示交流	①小组交流:如何将制作好的展厅进行展示,并撰写解说词。②从语言表达、姿态等方面进行上台介绍成果的排练,为下节课参加方案竞标会做准备	能够进行成果总结与表达

续表

板书设计	
作业设计	完善展厅布置： ①完善展厅布置，能够有条理、大方地介绍展厅布置。 ②完成竞标PPT的准备。 ③设计竞标宣传海报
课后反思	

（八）我是故宫文物南迁策展人——故宫文物南迁纪念展我竞标

课时学习计划

课题名称：我是故宫文物南迁策展人——故宫文物南迁纪念展我竞标		年级	5年级	项目类别	跨学科项目
课时/模块总课时	2/4	设计者	陶源　王海绮 赖德莉	学校	龙门浩隆平小学校
学习目标		学习目标		素养指向	
学习目标		通过职业体验，学生能进一步明确科学研究（成果展示）环节的重要价值和意义		分析与综合能力	
		在活动中，引导学生根据竞标要求，选择合理的成果展示形式，锻炼学生统筹处理信息、动手制作、正确表达等多方面的能力		实验设计与操作	
		成果竞标答辩，能促使学生对整个活动过程进行反思，培养学生从整体上把握研究活动和研究过程，使其成为有想法、能表达、能创新的人		总结与交流能力	
教学流程/活动设计	主要环节	学习活动		目标指向/评价任务	
	情境引入	利用视频和图片，全体师生一起回顾前期的"我是故宫文物南迁策展人"的探究实践活动历程，明确本次活动主题，即成果展示		复习旧知，引出本节课的活动内容	
	布置本课任务	提出成果展示要求： ①展示时间和答辩时间； ②展示内容（调研报告、答辩PPT、思维导图、迷你模型、创作日志等）； ③成果展示评价标准。 第一：主题鲜明 ☆能够运用语言与文字介绍小组设计方案。 ☆设计方案凸显南迁主题。		引导学生根据竞标要求，选择合理的成果展示形式，锻炼学生统筹处理信息、动手制作、正确表达等多方面的能力	

续表

教学流程/ 活动设计	布置本课任务	第二：规划合理 ☆能够根据空间设计布展物品的合理尺寸和比例。 第三：创意表达 ☆设计方案是一定的多媒体、技术和美术语言来创造图像的融合。 ☆能够有同理心，设计注重不同人的需求，有效表达自己的观点	
	展示交流	①分组对策划制作的迷你展进行整体概述，并分析他们对设计关键点的思考。（听众安静聆听并做记录） ②答辩：专家评委和大众评委就其展示内容提出问题，各组就问题进行相关解答	促使学生对整个活动过程进行反思，培养学生从整体上把握研究活动和研究过程，使其成为有想法、能表达、能创新的人
	评选发布	①投票评选。 ②宣布各组获奖等级。 ③专家寄语，学生拍照留念	促使学生对整个活动过程进行反思，培养学生整体把握研究活动和研究过程
	项目总结	①整个活动中自己的收获与感受。 ②怎样把策展思维带入我们的日常生活	使学生进一步明确科学研究（成果展示）环节的重要价值和意义
板书设计	"我是故宫文物南迁策展人"竞标答辩会 成果展示 —— 时间：5 min —— 形式：阐述+答辩 评价标准 —— 主题鲜明 —— 规划合理 —— 创意表达		
作业设计	①为项目活动剪辑一个宣传视频。 ②举一反三：能根据自己的兴趣策划一个新的主题展览 拓展运用 开发策展研学盒子，设计展陈内容，为重庆的博物馆策展		
课后反思			

第三节　活动项目案例

一、项目整体设计

（一）合理规划课间公共活动区域

"综合 +"项目学习设计

项目名称	合理规划课间公共活动区域		适用年级	4 年级	项目类别	活动项目
总课时	4	设计者	皮靓	学校		南坪实验小学
项目概述	本项目让学生利用现有的校园环境和真实情境,研究活动空间的优化设计,尝试进行合理规划班级活动区域。本项目主要让学生参与,并懂得策略学习、合理管理、数学抽象、数学建模以及数据整理等学习意义;同时整个项目化学习中又具有与人沟通、制订计划、解决问题等实际意义。旨在让学生用数学知识、综合实践的解决问题手段,解决生活中的实际问题					
项目目标	学科素养	运算能力:能够理解和运算走廊、公共活动区域的面积。 空间观念:根据测量的走廊、公共活动区域抽象出几何图形。 模型意识:感悟数学模型可以用来解决一类问题。 创新意识:尝试从情境中发现和提出有意义的数学问题。				
	跨学科素养	问题意识:学会分解问题的要素和关系,学会表述问题。 规划与设计能力:学会设计活动步骤。 总结与交流能力:能够进行成果总结与表述,具有反思的意识。 调查与访问能力:调查研究的目的和意义。				
情境问题	创设情境	课间活动期间,学生在楼层追逐打闹,容易出现安全问题,如何规划公共活动区域,让课间玩要更安全、有序				
	驱动问题	怎样公平、合理地规划教室外的走廊和楼层公共活动空间呢				
项目成果	项目成果: 请同学们以楼层为单位,设计班级课间活动区域规划图。要求:①就近原则;②公平、合理。 评价标准:					

评价指标	评价等级			评价主体	
	☆	☆☆	☆☆☆	组员评价	教师评价
过程资料	有测量数据和计算结果,但数据不太合理	有测量数据和计算结果,数据合理	有测量数据和计算数据合理,并有图文结合的过程	☆☆☆	☆☆☆
成果展示	能说清楚成果汇报	条理清楚、生动汇报	PPT 设计精良、展示形式多样	☆☆☆	☆☆☆
项目效果	学生能在划分区域玩要	学生在划分区域玩要,空间大小合理	班级区域大小合理、行人区域和班级间距合理	☆☆☆	☆☆☆

续表

项目成果

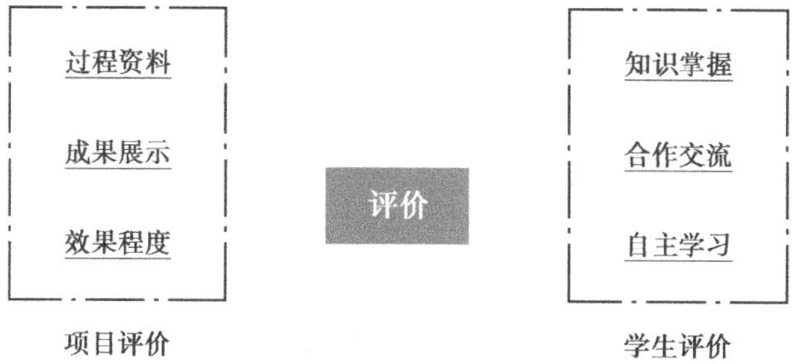

评价指标	评价等级			评价主体		
	☆	☆☆	☆☆☆	自我评价	组员评价	教师评价
知识掌握	能根据问题想到用面积解决问题	能根据实际测量分析出问题是组合图形面积问题	能根据实际问题建立数学模型，并解决实际问题	☆☆☆	☆☆☆	☆☆☆
小组合作	完成任务	分工明确合作完成	合理分工团结协作高效完成	☆☆☆	☆☆☆	☆☆☆
沟通交流	不善于表达、倾听	较善于表达、倾听	积极表达、善于倾听	☆☆☆	☆☆☆	☆☆☆

任务图解

“综合+”跨学科学习双线并行：

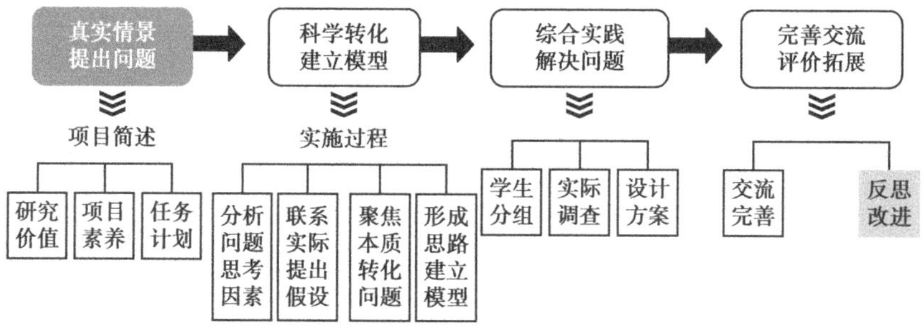

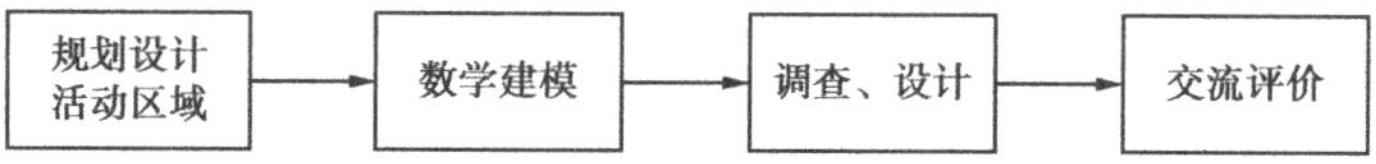

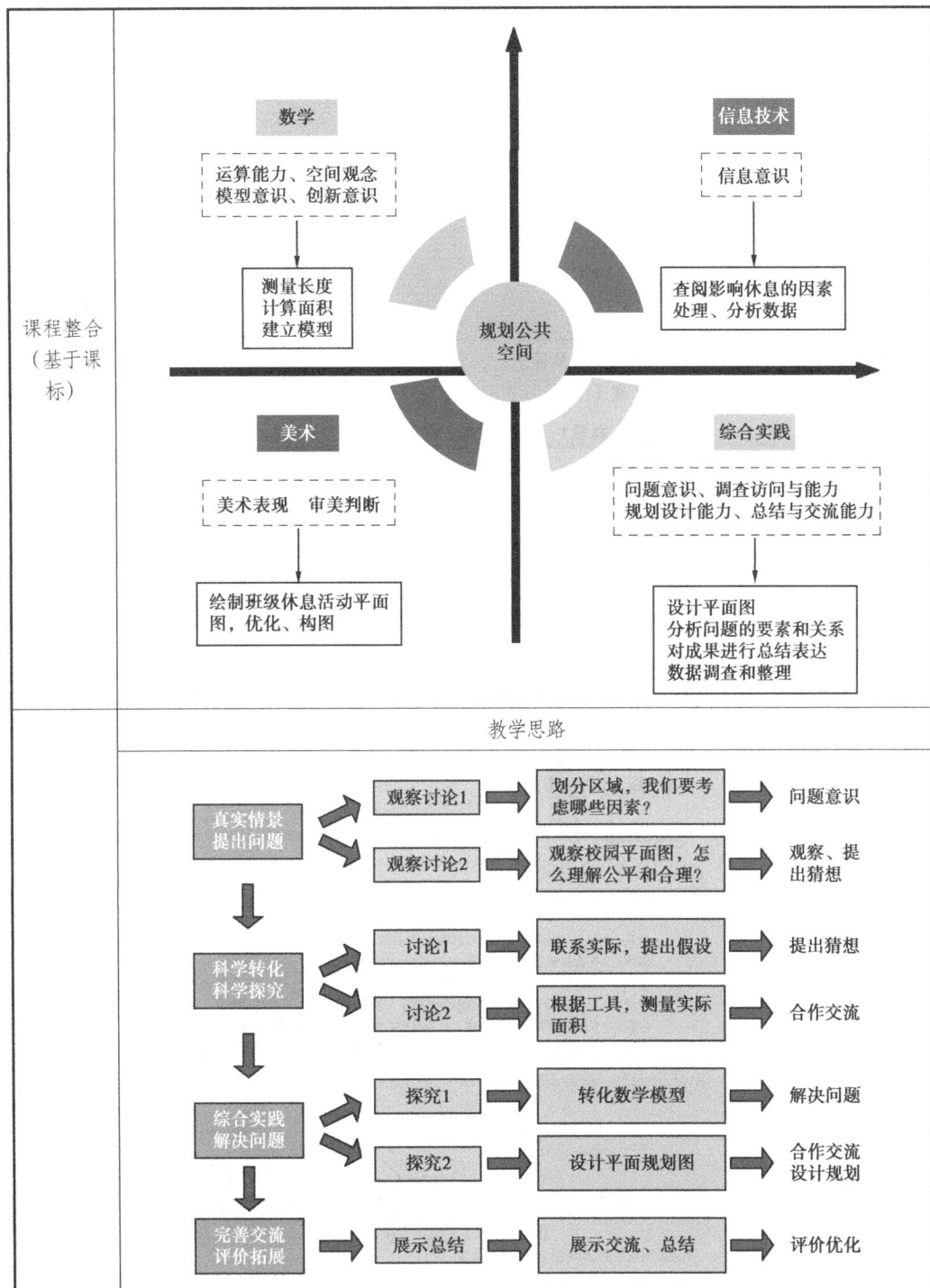

续表

课程整合（基于课标）	
教学思路	

数学

运算能力、空间观念
模型意识、创新意识

测量长度
计算面积
建立模型

信息技术

信息意识

查阅影响休息的因素
处理、分析数据

规划公共
空间

美术

美术表现　审美判断

绘制班级休息活动平面
图，优化、构图

综合实践

问题意识、调查访问与能力
规划设计能力、总结与交流能力

设计平面图
分析问题的要素和关系
对成果进行总结表达
数据调查和整理

真实情景
提出问题 → 观察讨论1 → 划分区域，我们要考虑哪些因素？ → 问题意识

观察讨论2 → 观察校园平面图，怎么理解公平和合理？ → 观察、提出猜想

科学转化
科学探究 → 讨论1 → 联系实际，提出假设 → 提出猜想

讨论2 → 根据工具，测量实际面积 → 合作交流

综合实践
解决问题 → 探究1 → 转化数学模型 → 解决问题

探究2 → 设计平面规划图 → 合作交流设计规划

完善交流
评价拓展 → 展示总结 → 展示交流、总结 → 评价优化

续表

	主要任务	项目学习活动	设计意图
	真实情境／提出问题	①情境感受。 观察校园下课现状，提出看法。 ②提出问题。 怎样公平、合理地规划教室外的走廊和楼层公共活动空间呢	基于真实体验，感受课间不文明现象和区域划分的重要性，激发学生学习兴趣，引领其持续学习与探究
项目实施	学科转化／学科探索	①分析思考问题的因素。 a.讨论问题1。 b.讨论问题2。 ②联系实际，提出假设。 学生上网查阅资料，提出假设。 ③聚焦本质，转化问题。 ④形成思路，建立模型。 a.利用工具收集数据。 b.整理数据。	以学生为主体，自主选择、利用工具解决问题实践，让学生既动脑又培养学生的问题意识，学会分析问题的要素

学科转化/学科探索	任务：楼道+公共活动面积有多少？	

任务：楼道+公共活动面积有多少？

所在楼层及班级		所在楼层学生人数	
计算楼道活动面积的过程（图文结合）	如果觉得表中画不下图，可以单独用纸画，再在表上进行计算和说明。		
人均活动面积			
我有话想说			

项目反思　综合实践/问题解决

①学生分组。

组内人人发言说想法

启动项目学习，自由分组，分工。

②实际调查。

6.2 m　54 m　55人 办公室
8 m　49人
73.2 m　52人
50人　3.7 m
50人　10.3 m
1.3 m　12.7 m

③设计方案。

讨论设计初稿

学生以实践为线索，自主分组、设计、实践，发展分析综合能力

续表

			学生能对自己的劳动成果进行总结和表述
	完善交流评价拓展	学生分组交流,并评价反思。 引导学生从"知识掌握""合作交流""自主学习"三个方面展开评价交流	
项目反思		1. 驱动任务更加具象 真实情境中,学生在问题的驱动下,通过课堂学习自主探究。因此,驱动任务的发布尤为重要,重在范围具体,目的具体。 2. 注重实践探究 坚持实践学习,以探究任务为驱动,通过探究区域影响因素、区域的合理假设、模型的优化建立,让学生在大任务、大情境中,去探究一个个具体的小项目。在解决项目问题的活动中,引导学生小组合作探究,充分自主思考、想象、表达、实践,最终在解决问题的同时,激发学生的想象力,培养学生动手能力,提升学生解决问题的能力。 3. 探索跨学科学习与实践 在新课程方案及新课标背景下,综合实践面临新机遇:统筹 10% 跨学科主题学习和综合实践活动。综合实践活动课程,加强与跨学科主题学习等方面的整合设计与实施,是推进课程持续发展与创新的重要途径。本节课在以数学为主体的基础上,借鉴综合实践的解决问题策略、实践手段等探究数学知识与技能,开展跨学科学习与探究,完成合理规划公共空间的优化任务,促进学生综合素养的提升	

(二)花园围栏我创造

"综合 +"项目式学习设计

项目名称	花园围栏我创造	适用年级	6	项目类别	活动项目
总课时	4	设计者	唐瑜　周蜜	学校	龙门浩隆平第二小学
项目概述	本项目让学生利用学校现有的、剩余的竹子做材料,研究学校"智慧花谷"花园围栏的构造,尝试进行花园围栏的设计与搭建。项目以学校花园急需搭建围栏来保护花朵为真实问题情境,以"资源整合"为可迁移的核心大概念。学生通过调研、观察、亲自动手制作的过程,综合运用数学、美术、科学等学科知识,体验创造的过程				
项目目标	学科素养	劳动能力(劳动):在花园围栏搭建过程中培养学生动手能力。 创意实践(艺术):在绘制设计图的过程中提升学生审美能力和创新能力。 运算能力(数学):在测量、调查的过程中培养学生收集数据和整合数据的能力			
	跨学科素养	责任态度(科学):在花园围栏创造过程中培养学生节约资源的责任感;培养学生善于合作的能力。 健全人格(道德与法治):在劳动过程中培养学生积极向上的意识,以及克服困难、勇于挑战的能力。 思维能力(语文):在分享收获体会的过程中提升学生的总结反思、语言表达能力			
情境问题	创设情境	学校"智慧花谷"建成后,新花园里百花争艳、花香四溢,频频引得老师同学来参观。可是每一块小花园都裸露在外,难免有一些花朵被踩坏,影响观赏。于是,如何保护好花园的植物,搭建花园围栏的想法油然而生			
	驱动问题	如何利用校园剩余竹子设计既安全、稳固,又美观的班级花园围栏			
项目成果	设计搭建既稳定、安全,又美观的班级花园围栏。充分利用校园剩余竹子材料,进行围栏制作。再根据花园实地情况,设计搭建符合每块小花园的围栏。花园围栏设计除了稳定、安全,更富有创意和美观的为优胜者				

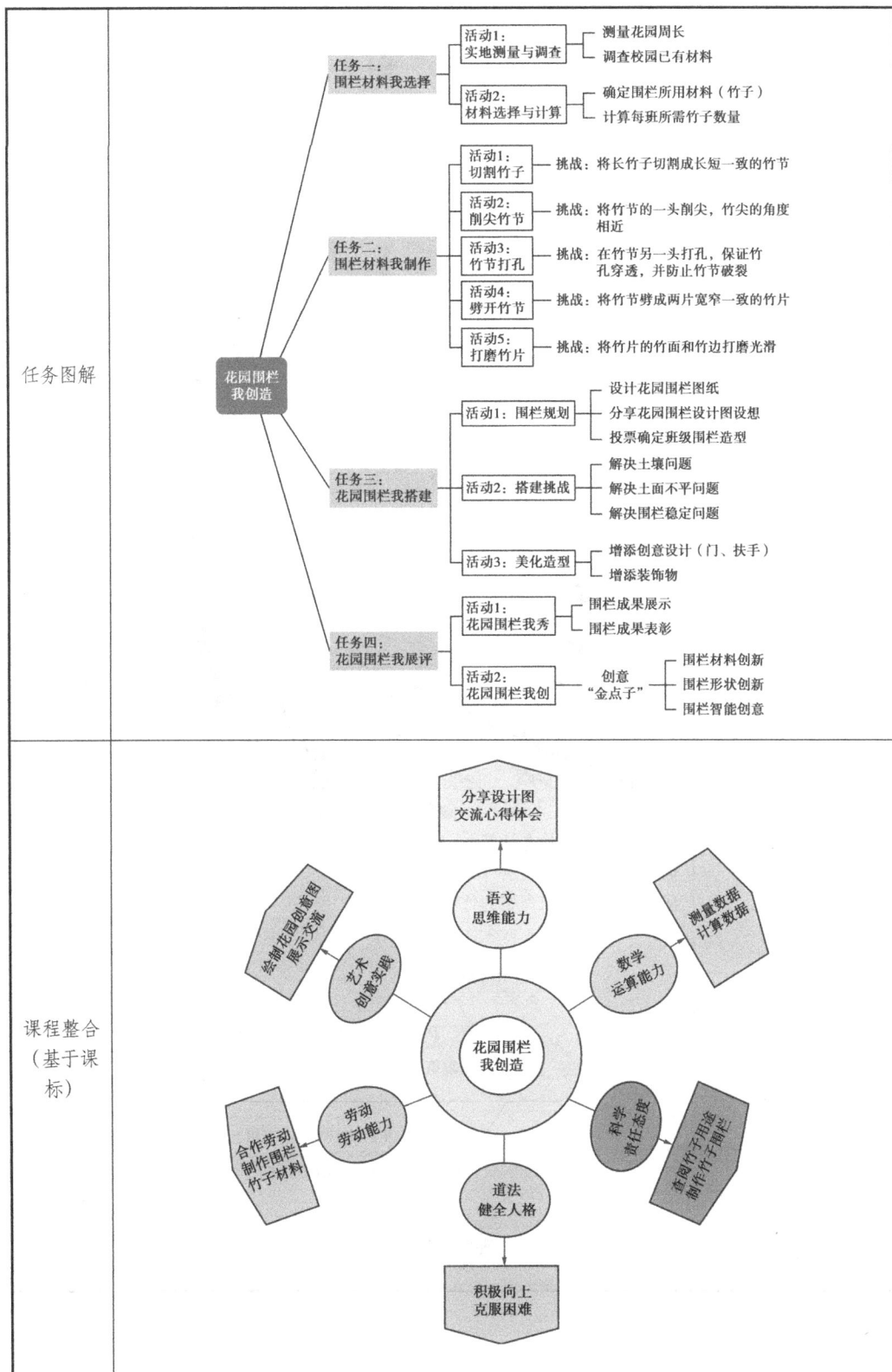

任务图解	
课程整合（基于课标）	

续表

主要环节		项目学习活动	设计意图
项目实施	任务一：围栏材料我选择	 活动1：实地测量与调查 第一步：测量花园总周长及每个班花园周长。 第二步：调查校园已有的可用于围栏的材料。 活动2：材料选择与计算 第一步：确定围栏材料——竹子。 第二步：计算每班所需的竹子量。 	从学生观赏花园最真实的感受出发，激发他们提出设计花园围栏的想法，充分利用已有材料

| | | 活动1: 切割竹子
挑战: 将竹子切割成长短一致的小节。
活动2: 削尖竹节
挑战: 将竹节一头削尖, 削尖的角度相近。

活动3: 竹节打孔
挑战: 在竹节另一头打孔, 保证孔穿透, 并防止竹节破裂。

活动4: 竹节劈片
挑战: 将竹片劈成两片宽窄一致的竹节。
活动5: 打磨竹片
挑战: 将竹片的竹面和竹边打磨光滑。
 | 综合运用学科知识, 按切、削、打孔、劈片、打磨5个步骤准备材料, 培养学生动手能力 |
| 项目实施 | 任务二:
围栏材料我制作 | | |

续表

项目实施	任务二: 围栏材料 我制作		
	任务三: 花园围栏 我搭建	活动1:围栏规划 ①设计花园围栏图纸; ②分享花园围栏设计图设想; ③确定班级围栏造型。 活动2:搭建挑战 ①解决土壤问题; ②解决土面不平问题; ③解决围栏稳定问题。	锻炼学生的动手能力、小组合作能力以及语言表达能力

续表

| 项目实施 | 任务三：花园围栏我搭建 |

活动3：美化造型
①增添创意设计（门、扶手）；
②增添装饰物品。

 | |

续表

| 项目实施 | 任务四：花园围栏我展评 | 活动1：花园围栏我秀
①围栏成果展示；

②围栏成果表彰（最美围栏、最具创意围栏、最稳固围栏等）。
活动2：花园围栏我创——创意"金点子"
①围栏材料创新；
②围栏形状创新；
③花园智能创意。 | 锻炼学生的总结归纳能力、语言表达能力 |

项目实施		
项目反思		

项目实施部分：

花园围栏我展评

活动1：花园围栏我秀

围栏成果展示　围栏成果表彰

活动2：花园围栏我创

创意"金点子"

围栏材料创新　围栏形状创新　围栏智能创意

花园围栏我创造

任务一：围栏材料我选择　任务二：围栏材料我制作　任务三：花园围栏我搭建　任务四：花园围栏我展评

任务一：围栏材料我选择

活动1：实地测量与调查
①测量花园周长。
②调查校园已有可用于围栏的材料。

活动2：材料选择与计算
①确定围栏材料——竹子。
②计算每班所需的竹子量。

任务二：围栏材料我制作

活动1：切割竹子
挑战：将竹子切成长短一致的竹节。

活动2：削尖竹节
挑战：将竹节一头削尖，削尖的角度保持一致。

活动3：竹节打孔
挑战：在竹节的另一头打孔，保证孔穿透，防止竹节破裂。

活动4：劈开竹节
挑战：将竹节劈成两片宽窄一致的竹片。

活动5：打磨竹片
挑战：将竹片的竹面和竹边打磨光滑。

任务三：花园围栏我搭建

活动1：围栏规划
①花园围栏设计图纸；
②分享花园围栏设计图设想；
③确定班级花园规划图。

活动2：搭建挑战
①解决土壤问题；
②解决土面不平问题；
③解决围栏稳定问题。

活动3：美化造型
①增添创意（门、扶手）；
②增添装饰物。

任务四：花园围栏我展评

活动1：花园围栏我秀
①围栏成果展示；
②围栏成果表彰。

活动2：花园围栏我创——创意"金点子"
①围栏材料创新；
②围栏形状创新；
③花园智能创意。

项目反思部分：

1 问题驱动，让思维走向深度

真实情景中，学生在问题的驱动下，通过测量调查、合作探究、劳动实践、展示交流等，在思索探索中，让思维走向深度

2 学科融合，感受劳动乐趣

学科融合，层级设计，符合学生发展实际。学生在不断努力、克服困难、解决问题、获得赞扬和收获成就感中，感受劳动的乐趣

3 展评结合，增进育人实效

学生将劳动的过程、作品、体验记录下来，老师参与评价与鼓励，学生能够清楚地看到自身不断进步的动态变化，增进劳动育人实效

(三)健康奶茶攻略

"综合＋"项目式学习设计

项目名称	健康奶茶攻略	项目类别		活动项目	
总课时	3	适用年级	5年级	设计者	赖德莉 陶源 周颖
项目概述	健康的生活态度是学生全面发展的基础之一。习近平总书记指出,我国教育事业改革发展应注重"促进学生健康发展"的问题。结合实际我们发现,学生在饮食结构、饮食观念等方面存在误区是阻碍其健康成长的重要原因。 本项目整合数学、营养学、科学、美术等重要概念,旨在让学生通过探索、调查、访谈、科学实验等获取信息,探究奶茶与健康的关系。在应用知识和相关技术解决如何为家人制作健康奶茶问题的同时,引导学生习得相关科学知识、建立学科联系、掌握技能,养成积极、健康的生活态度,促进学生健康成长				
项目目标	学科素养	问题解决:结合生活中奶茶不健康的现象,发现并提出如何制作健康美味奶茶的问题,体验解决问题的过程与方法,提出自己的想法,形成对问题的初步解释			
	跨学科素养	(科学)实验设计与操作;(数学)数据的收集与分析;(美术)设计			
情境问题	创设情境	很多人都认为喝奶茶不利于健康。我们一起来找出奶茶不健康的原因,并根据人群需要,制作一份健康又美味的奶茶攻略			
	驱动问题	你能根据人群需要,制作一份既健康又美味的奶茶攻略吗			
项目成果	①奶茶饮用问卷调查报告。 ②奶茶文化发展的时间轴。 ③设计一份配料健康、奶与茶汤比例科学,符合特殊人群需求的奶茶攻略,并制作成品				
任务图解					
课程整合(基于课标)					

续表

	环节任务	项目学习活动	设计意图
项目实施	问茶——健康奶茶我调研	通过问卷调查与访谈、上网查资料等一系列活动，引导学生了解奶茶饮用现状，完成奶茶调查报告	通过奶茶问卷调查，培养学生搜集与处理信息的能力以及调查与访问的能力
	寻茶——奶茶文化我探究	通过上网查资料、专家访谈及实地探访网红奶茶店等一系列活动，追溯奶茶的历史，了解文化发展，绘制奶茶发展时间轴，分析现代奶茶在文化传承、经济发展、社会交往方面的作用，完成现代奶茶思维导图	通过追溯奶茶的历史，了解奶茶的文化发展，培养学生文化传承及创新发展的意识
	制茶——健康奶茶我制作	通过阅读食品标签，小组实验统计分析数据，寻找奶茶中糖含量的"秘密"，找到满足班级同学奶茶口感（奶与茶汤）的最佳比例配置，理解因需定制的意义，创意设计健康又美味的奶茶攻略，制作奶茶并分享交流	结合学生所积累的营养等知识，让学生经历制作、分析、评比、分享等过程，既培养了学生的动手能力，又拓展了学生的科学探究思维，体现了以生为本的核心素养

项目反思	1.厘清项目发展主线 本项目以"健康奶茶攻略"为主线，以学生自主提出的问题为分支，鼓励学生发现问题、制订计划、实践探索，不断调整，在自主探究、自主思考、自主学习的状态下解决问题。本项目既满足学生的认知需求，又能让学生在探究奶茶与健康的过程中建立学科联系、掌握技能，养成积极、健康的生活习惯，促进学生健康成长。 2.尊重文化本身的内涵 任务2以"奶茶从哪里来"为起点，通过追溯奶茶的历史，了解奶茶的文化发展，逐步由具象的"奶茶"拓展到各种形态广义的奶茶文化，从传统的蒙古茶文化逐步关注到现下流行的奶茶文化，将视野从历史、外部世界拉回到实际生活中，发现奶茶在文化传承、经济发展、社会交流等方面也起到相当大的作用，与大家的生活关系密切，使学生感到奶茶在生活中扮演着十分重要的角色。 3.关注学生的深度学习 在整个项目中，学生围绕着富有挑战性的课题，全身心地积极投入，同伴们合作探究。大家可以看到这过程并不是一帆风顺的，但是面对问题，教师给予了学生积极思考的空间。学生通过探索、调查、访谈、科学实验等获取信息，探究奶茶与健康的关系，习得相关科学知识、建立学科联系、掌握技能，并应用知识和相关技术解决如何为家人制作健康奶茶的问题，是一种有意义的学习过程

二、课时实施设计

(一)神奇的万花筒

"综合＋"项目学习课时计划

课题名称:	神奇的万花筒	年级	6 年级	项目类别	活动项目
课时／模块总课时	1/3	设计者	皮靓	学校	南坪实验小学

学习目标	学习目标	素养指向
学习目标	通过探究万花筒镜子数量及角度与图案形成的关系,开展跨学科实践学习,体验万花筒的神奇,激发学习兴趣与探究欲	观察能力与方法
	在逐步深入的探究与实践中,学生感知解决问题的大胆猜想、实践探究、创意物化的一般过程与方法,促进其实践创新能力的提升	实验设计与操作
	创意制作万花筒,体会万花筒赋予的生命、希望、美好等寓意,提升学生创新实践,创意美好的价值体现	探究归纳能力

教学流程／活动设计	教学思路		
教学流程／活动设计			
	主要环节	学习活动	目标指向／评价任务
	课前交流:观察并真实体验万花筒	①体验万花筒,激发兴趣。 学生体验万花筒,感受到图案的美丽变化。 ②体验万花筒的神奇,提出感兴趣的问题。 师:同学们你们看到了这么多小长方形,那万花筒里真的放了这么多图形进去吗?(引导学生对万花筒里面图形数量的思考) 师:大胆猜猜放了几个图形呢? 只放一个小小的长方形,就看到这么多图形,学生感受到万花筒的神奇	学会提出问题

续表

| 教学流程／活动设计 | 实践探究一：镜子数量与图案数量的关系 | 1.大胆猜想
师：学生玩过的大多数万花筒都是三面镜，为什么万花筒里都是三面镜？
引发学生思考：镜子的数量越多，看到的图形数量就越多吗？
2.设计实验
学生根据猜想，提出探究方法。

探究一：实验记录单

3.实践探究

4.寻找实践的结论
三面镜看到的图形数量最多。
小结：
三面镜看到的图形数量最多、图案最规整，因此，市面上的万花筒大多数是三面镜 | 实验与观察的能力 |
| | 实践探究二：镜子角度与图案形成的关系 | 1.大胆猜想
进一步对镜子的角度提出猜想：同样都是三面镜，不同角度的三面镜，看到的图案是否一样？
2.实践探究
小组合作，完成探究过程。

探究二：比较不同三面镜的图案

3.对比交流和结论
交流。
4.对角度的探究
（1）什么角度的三面镜看到的图案更神奇？
（2）观看视频
得出结论：36°的万花筒最神奇。 | 实验与观察的能力和提出问题的能力 |

探究一：实验记录单

镜子数量	一面镜子	两面镜子	三面镜子	四面镜子	五面镜子
图形数量					
我们的发现					

一面镜	两面镜	三面镜	四面镜	五面镜

探究二：比较不同三面镜的图案

等边三面镜	直角三面镜

我的发现：_____

续表

教学流程/活动设计	实践探究二:镜子角度与图案形成的关系	**小结:** 同学们,我们刚才的研究都是通过观察得来的,其实在这里面还包含了很深奥的几何学原理,将来在初中学了几何后,你们可以用几何的知识去对它进行解释	
	实践探究三:创意设计与制作万花筒	1.学生先欣赏万花筒 师:欣赏完,猜猜它们都用到了什么材料? 引出其实很简单的一个点、一个线、一个面在万花筒的世界里,它就可以变得如此神奇! 2.学生设计制作 ①任务:组装万花筒→设计图案→确定主题→寓意表达。 ②创新要求。 | 评分细则		
---	---	---
设计制作创新	主题寓意创新	表达思维清晰
☆ ☆ ☆	☆ ☆ ☆	☆ ☆ ☆ | 3.交流表达 师:哪个小组愿意来分享你们的设计,并说出设计的名称和它的寓意	动手实践交流能力
	拓展交流	1.回顾教学环节,交流学习收获 观察体验、大胆猜想、实践探究、创意物化 2.教师引导拓展,小结提升 只要我们有创新实践的能力,我们就能够从新的角度用眼看世界,创造出美好的生活	归纳、演绎能力
板书设计			

续表

	"神奇的万花筒"主题作业指南				
	作业任务群	作业内容	作业建议	建议年级	学习支架
作业设计	任务一:认识万花筒	了解光的反射原理	查阅资料,形成资料单	3—6年级	制作万花筒视频链接
		录制实验过程	制作一个二面镜,录制视频并解说	4—6年级	
	任务二:制作万花筒	了解万花筒的结构	用查阅资料、观看视频等方式了解万花筒内部结构	3—6年级	资料链接:"学习制作附件"
		制作一个万花筒	动手制作一个万花筒	3—6年级	
	任务三:探究万花筒看到图案数量和镜子间的因素	万花筒镜面的数量和图案数量的关系	设计实验,实验探究,得出结论	5—6年级	
		万花筒镜面的长短和图案数量的关系	设计实验,再探究并作好记录,得出结论	5—6年级	
课后反思	1.坚持素养导向 本节课坚持以综合实践为导向,通过引导学生观察体验、大胆猜测、实践探究、创意制作,培养学生创新实践的观念与能力。 2.注重实践探究 坚持实践学习,以探究任务为驱动,学生通过探究镜面数量、图形数量、角度问题,在大任务、大情境中,去探究一个个具体的小项目。在解决项目问题的活动中,引导学生小组合作探究,充分自主思考、想象、表达、实践,最终在解决问题的同时,激发学生的想象力,培养学生的动手能力,提升学生解决问题的能力。 3.探索跨学科学习与实践 在新课程方案和新课标背景下,综合实践面临新机遇:统筹10%跨学科主题学习和综合实践活动。综合实践活动课程,加强与跨学科主题学习等方面的设计整合与实施,是推进课程持续发展与创新的重要途径。本节课在以综合实践为主体的基础上,整合图形计数、角度探究等数学知识与技能,开展跨学科学习与探究,完成万花筒探究与创意制作任务,促进学生综合素养的提升				

(二)花园围栏我创造

课时学习计划

课题名称:	花园围栏我创造		课时名称:	花园围栏我制作	
课时/模块总课时	2/4		年级		6年级
学习目标		学习目标			素养指向
	通过观察竹子制作成竹片的视频,学习竹子制作时的顺序,掌握制作技巧,重点借助数学工具测量竹子围栏的高度、长度等数据				观察能力与方法
	能借助切割机把竹子末端切割出尖角,还能在另一末端5 cm处打孔,并通过小组合作将竹子进行打磨				实验设计与操作
	通过对竹子制作的探究,树立自主探索和实验验证的意识,体验科学探究和劳动的乐趣				科学探究的劳动精神

续表

学习目标			

教学流程／活动设计	主要环节	学习活动	目标指向／评价任务
	情境引入	学校"智慧花谷"建成后，如何保护好花园的植物，搭建花园围栏的想法油然而生。学校有很多竹子材料，那么该如何利用丰富的竹子材料设计安全、稳固又美观的花园围栏呢？ 	从学生观赏花园最真实的感受出发，激发他们提出设计花园围栏的想法
	课前交流 观察并真实感受竹子的魅力	①同学们了解竹子的特点和用途，同时也学到了一些实用技能。在竹子的实践活动中，又如何加工竹子、制作出竹子制品呢？ ②体验并感受竹子制作过程中的乐趣，提出感兴趣的问题？ 师：观看竹子制作过程中的视频，体验制作过程中的快乐，思考如何才能将长竹子等分为几节。 （学生利用数学用具软尺对竹子进行测量并做上记号） ③师：大胆想象，怎样才能制作出你们设计图上的围栏造型？竹子还可以怎么制作 	基于真实观察体验，感受竹子制作的神奇及探究过程中的快乐，激发学生学习兴趣，引领他们持续学习与探究

续表

| 教学流程／活动设计 | 实践探究一活动1：切割竹子 | 挑战：将竹子切割成长短一致的小节。
1.数据测量
师：如何才能将长竹子变成我们能够使用的围栏材料呢？
学生利用工具对竹子进行测量，选择最适宜的长度，既能节省竹子，又更美观。学生借助切割机等比例将竹子切割成小节。
挑战：将竹节一头削尖，削尖的角度相近。
2.实践操作
师：仅仅切割分开后，竹子就能变成花园的围栏吗？还可以怎么做呢？
学生分小组讨论，借助观看的视频，将竹子的末端切成尖角形状，才好固定在土里。

师：指导学生进行初次操作。
生：学生对角度掌握不充分，切出来的两端一高一低，不成角度。
3.实践探究
小组合作，完成对不同角度的探究。
4.对比交流和结论
交流。
5.对角度的探究
①什么角度放入切割机才能形成尖角呢？
②观看视频。
③得出结论。
35°的角度，斜着进入切割机，两边才能形成角度 | 本环节以任务为驱动，以实践为线索，通过利用自主探究问题的方向，培养学生大胆提出问题的综合实践能力，同时也给学生埋下跨学科知识的求知欲 |
| | 活动2：削尖竹节 | | |

续表

教学流程/活动设计	实践探究二 将竹子打孔 并破开后打磨 活动3：竹节打孔	挑战：在竹节另一头打孔，保证孔穿透，并防止竹节破裂。 1. 利用钻孔机将竹子打孔 师：如何才能将竹子固定成围栏的形状呢？ 生：小组合作探讨。 生：还需要用绑带将竹子固定成设计的围栏造型，将切割好的竹子借助钻孔机进行钻孔。 	
	活动4：竹节劈片	挑战：将竹片劈成两片宽窄一致的竹节。 2. 用砍刀将竹子均匀剖开 将钻好洞的竹子对半切开，以方便搭建使用。 	
	活动5：打磨竹片	挑战：将竹片的竹面和竹边打磨光滑。 3. 用磨刀对竹子四周进行打磨 切开后的竹子十分毛糙，不太安全，后面我们将对竹子进行打磨，既美观又安全 	

续表

教学流程／活动设计	拓展交流	1.回顾教学环节,交流学习收获 观察体验、大胆猜想、实践探究、创意物化。 2.教师引导拓展,小结提升 只要我们有这样创新实践的能力,我们就能够从身边寻找灵感,搭建出美好的花园。	感受到幸福美好的生活需要我们的创新实践,培养学生的创新能力
板书设计			
作业设计			
课后反思	花园围栏我制作课程的意义不仅在于让学生学习到一些实用的技能,更重要的是让他们了解到竹子的文化和价值。竹子在中国文化中有着非常重要的地位,它不仅是一种材料,还是一种精神和文化的象征。通过该劳动和综合实践课程,学生可以了解到竹子在中国文化中的地位和价值,从而更好地传承和发扬中华文化。 竹子制作还可以培养学生的环保意识和创新精神。竹子是一种天然的材料,它不仅可以替代一些人造材料,还可以减少对环境的污染。通过对竹子的切割、打孔、破裂、打磨等,学生既学习了劳动工艺,也了解到竹子的环保价值,从而更好地保护环境。同时,学生也可以培养自己的创新精神和合作意识,从而更好地适应未来的社会		

（三）制茶——健康奶茶我制作

课时学习计划

课题名称：	制茶——健康奶茶我制作		设计者		赖德莉 陶源 周颖
课时／模块总课时	3/3		年级		5年级
学习目标	学习目标				素养指向
	通过小组科学实验、阅读食品标签，在实验设计与操作中，统计分析数据，寻找奶茶中糖含量的"秘密"，深刻理解糖分高的危害				观察能力与方法
	通过小组科学实验与数据对比，找到满足班级同学奶茶口感（奶与茶汤）的最佳比例配置，确定科学比例的合理区间，理解因需定制的意义所在				实验设计与操作
	通过小组合作交流，理论联系实际，总结健康又美味的奶茶攻略，树立自主探索和实验验真的意识，培养学生的探究和创新意识				科学探究的精神
教学流程／活动设计	主要环节		学习活动		目标指向／评价任务

健康奶茶攻略

教学流程　教学内容　学科素养

教学内容：教学行为　支持性活动和资源　学习任务

主要环节	教学行为	支持性活动和资源	学习任务	目标指向/评价任务
情境与任务	联系生活 师生对话	学习与经验	奶茶是否健康？如何制作健康美味奶茶的攻略	问题意识
讨论与实验	阅读标签 合作实验	观察饮料标签、演示实验 / 对比中国膳食指南	观察测量糖包的糖量分离实验，测量奶茶粉包的糖量	观察能力 实验设计与操作
探究与实验	小组讨论 实验探究	引导、讨论奶与茶汤最佳比例方案 / 小组实验，优选方案	讨论快速找到最佳比例方案方法，小组实验快速比对最佳比例方案	实验设计与操作科学探究
设计与制作	交流互鉴 评价反思	评价标准	合作制作攻略图 创意实践图文并茂	设计制作 解决问题
展示与反思	展示总结 畅想发展	交流谈话	健康饮食智慧成长	评价优化

续表

教学流程/活动设计	情境引入	很多人认为喝奶茶不利于健康。我们一起来找出奶茶不健康的原因,并根据人群需要,制作一份健康又美味的奶茶攻略!	评价:是否能基于单元项目式学习的经验,以及生活问题、任务驱动,激发学生进入本课学习的热情
	探秘健康配料	任务一:健康——探秘奶茶固体饮料的含糖量①观察打开的奶茶固体饮料的配料组成。②学看包装说明,找出甜度随意包的糖分含量。③观察演示实验,测算奶茶里的含糖量。④设计分离实验,小组合作测出奶茶粉的含糖量,并通过计算得出奶茶固体饮料的总含糖量。	目标1:通过小组科学实验、阅读食品标签,实现科学探究、数据的统计、分析,寻找奶茶中糖含量的"秘密"。评价:养成观察包装说明的习惯,理解利用分离实验的原理,能正确完成实验,测出糖分,并有理有据地表达出来

续表

教学流程／活动设计	探秘健康配料	 ⑤对比中国居民膳食指南标准，学生发现奶茶等固体饮料的含糖量超标，理解糖分及其他成分超标带来的危害。 ⑥小结健康配料比例。	
	探究科学比例	**任务二：美味——探究奶茶（奶与茶汤）的科学比例** ①师生对话，了解奶茶的主要成分是奶与茶汤。 ②小组实验探究奶与茶汤的最佳搭配比例。 a.教师引导学生讨论奶与茶汤的搭配方案； b.根据小组讨论结果，学生合作3次实验，收集小组同学的口感数据，加以统计，找到本组的最佳搭配。 ③总结奶茶配料的科学比例。	目标2：通过小组科学实验以及数据对比找到奶茶口感（奶与茶汤）最佳比例配置，确定科学比例的合理区间。 评价： 探讨奶与茶汤搭配方案；小组合作完成实验；能收集数据，利用数学知识统计分析出奶与茶汤的最佳比例

续表

| 教学流程／
活动设计 | 探讨
因需定制 | 任务三：探讨奶茶的因需定制

①教师启发：科学比例的奶茶适合大多数人群，那么偏腻偏苦的奶茶是不是就不需要呢？
②师生对话：了解任何产品都需要根据目标用户，合理选择健康配料，并按照科学比例增添适当小料，规范制作，才能让奶茶既健康又美味，既满足人群养成健康科学的饮食习惯的追求，又满足人群新鲜感与个性化的需求。
 | 目标3：通过小组合作交流，理论联系实际，总结健康又美味的奶茶攻略。
评价：理论联系实际，能有理有据地表述因需定制的原因及意义 |
| | 制作攻略／
展示交流 | 任务四：制作健康又美味的奶茶攻略

①小组讨论攻略，制作攻略。
②汇报并展示。

③根据标准评价。
评价标准：健康配料、科学比例、因需定制、团队协作、创意创新 | 目标和评价：学生以多种方式创意设计制作攻略，并能依据评价标准积极进行展示交流 |

续表

教学流程/ 活动设计	总结提升	学生谈收获,进一步感悟健康饮食,智慧成长 	目标4:树立自主探索和实验意识,培养学生探究和创新意识。 评价:是否能表达学习收获,能感悟健康饮食、智慧成长的意义
板书设计			
作业设计			
课后反思			